역사를 읽으면 통찰력을 얻는다
중국역사를 읽으면 중국으로 가는 길이 보인다

21일간의 이야기만화 역사기행

만리 중국사

COMIC VERSION OF CHINESE HISTORY 24, 25

Copyright ⓒ 中国美术出版社总社连环画出版社；编绘：孙家裕；主笔：潘广维
Korean translation copyright ⓒ 2013 by Korean Studies Information Co., Ltd.
Korean translation rights of 《COMIC VERSION OF CHINESE HISTORY》
arranged with LIANHUANHUA PUBLISHER directly.

21일간의 이야기만화 역사기행

만리 중국사

12권 남북조

초판인쇄 2014년 2월 7일
초판발행 2014년 2월 7일

글 · 그림 쑨자위
글 판광웨이
옮긴이 류방승
펴낸이 채종준
기획 권성용
편집 정지윤, 백혜림
디자인 박능원, 이효은
마케팅 송대호, 정경철, 이행은

펴낸곳 한국학술정보(주)
주소 경기도 파주시 화동길 230 (문발동 513-5)
전화 031) 908-3181(대표)
팩스 031) 908-3189
홈페이지 http://ebook.kstudy.com
전자우편 출판사업부 publish@kstudy.com
등록 제일산-115호(2000. 6. 19)

ISBN 978-89-268-5428-0 14910
      978-89-268-5416-7 14910(set)

12권 남북조

북방과 강남 문화의 만남

쑨자위 글 · 그림
판광웨이 글

만리
중국사

21일간의 이야기만화 역사기행

이담
Books

중국은 세계 4대 문명 발상지 가운데 하나다. 중화 문명은 아득히 먼 옛날부터 수천 년 동안 전해져 내려오며 상고上古, 하夏, 상商, 주周, 춘추春秋, 전국戰國, 진秦, 서한西漢, 동한東漢, 삼국三國, 서진西晉, 동진東晉, 남북조南北朝, 수隋, 당唐, 오대십국五代十國, 송宋, 요遼, 서하西夏, 금金, 원元, 명明, 청淸 등의 역사 시대를 거쳤다.

중화 문명은 세계에서 가장 오래된 문명이자 가장 오래 지속된 문명이기도 하다. 중화 문명과 어깨를 나란히 한 문명으로는 고대 바빌론 문명, 고대 그리스 문명, 고대 이집트 문명 등이 있다. 어떤 문명은 중국보다 먼저 발생하고, 또 범위도 훨씬 넓었지만 이들은 이민족의 침입 혹은 스스로의 부패로 인해 멸망하여 결국 기나긴 역사 속에서 연기처럼 사라져 버렸다. 중국만이 세계에서 유일하게 문명 대국을 자랑하며 유구한 역사를 이어 오고 있다.

수천 년 동안 중화 민족은 무엇에도 굴하지 않는 강인한 의지와 과감한 탐구 정신, 총명한 지혜로 웅장한 역사의 장을 엶과 동시에 눈부시게 찬란한 물질문명과 정신문명을 창조했다.

이 책의 편집 제작은 정사正史를 바탕으로 진실하고 객관적인 사실을 전달하는 데 주력했다. 또한 역사를 만화 형식으로 풀어 씀으로써 독자들이 아름답고 다채로우며 생동감 넘치는 장면을 느끼리라 기대한다. 독자 여러분들이 쉽고 재미있게 읽는 가운데 역사를 직접 느끼고 역사에 융화되어 깨닫는 바가 있기를 바란다.

지렌하이紀連海
중국 CCTV '백가강단百家講壇' 강사

들어가며

북방과 강남 문화의 만남

남북조(南北朝, 420~589년)시대는 동진 멸망 후 수隋나라에 의해 다시 중국이 통일되기까지의 혼란스런 시기로 장강을 경계로 한 남북 양쪽에 여러 왕조가 교체되었지만 장기간 대치한 관계로 '남북조'라 통칭한다. 남조(420~589년)는 송宋·제齊·양梁·진陳의 4개 왕조, 북조(439~581년)는 북위北魏·동위東魏·서위西魏·북제北齊·북주北周의 5개 왕조가 포함된다.

이 시대의 정치적 특징으로는 남조에서는 귀족 정치가 번영했고, 북조에서는 군주권이 강화됐다고 할 수 있다. 남조의 귀족은 구품중정법九品中正法을 기반으로 항상 고급 관리의 지위를 점유했다. 그러나 왕조의 교체는 군사권을 장악한 무관에 의하여 이루어졌다. 한편 북조는 유목민족이 주류를 이루었기 때문에 군주권 강화를 위해 지배층을 대부분 그들 민족으로 채워 체제를 지탱했다.

또한 이 시대는 계급 관계와 민족 관계가 새롭게 통합 조정된 시기이기도 하다. 각 소수민족 정권은 한쪽이 운명을 다하면 다른 쪽이 새로 등장하여 북방 여기저기서 전쟁이 끊이지 않았고, 남북 간에도 서로 정벌전을 벌였다. 이런 치열한 충돌 속에서 중국 역사상 최초의 민족 대융합이 촉진되었다.

문화 방면에서는 유학이 쇠퇴하고 불교와 도교가 크게 흥했으며 현학玄學이 유행하면서 각종 학파가 우후죽순처럼 등장했다. 특히 불교는 왕조마다 국교의 형태를 띠면서 사원과 불상 건립 사업이 크게 성행했다. 이 시기 중국 문화는 비약적인 발전을 이룩해, 화려하고도 섬세한 남조 문화와 호방하고 거친 북조 문화가 선명한 대비를 이루었다.

한족들이 장강 이남으로 이주하면서 강남 지역은 새로운 문화의 중심지로 부상했고, 개간과 벼농사의 발달이 이루어졌다. 특히 귀족들은 관개 시설, 소택지, 산림 등을 독차지해 부를 축적했고, 그러한 부를 기반으로 화려한 귀족 문화를 발달시켰다. 이런 귀족 사회의 풍조를 반영하듯 당시에는 화려한 수사를 사용한 사륙변려문四六駢儷文이 유행했다.

또한 춤이나 음악, 회화, 서예, 조각 등도 전대미문의 발전을 거두었다. 과학기술 분야에서도 탁월한 성과를 일궈내 조충지祖沖之가 소수점 여섯 자리까지 원주율을 정확히 계산했고, 역도원酈道元은 지리서인 『수경주水經注』를, 가사협賈思勰은 중국 최초의 농업 서적인 『제민요술齊民要術』을 저술했다. 이런 뛰어난 문학예술 작품과 과학기술 성과는 훗날 수·당의 성세에 값진 밑바탕이 되었다.

상고 上古		B.C. 약 800만~2000년
하夏		B.C. 2070~1600년
상商		B.C. 1600~1046년
주周		B.C. 1046~771년
춘추春秋		B.C. 770~403년
전국戰國		B.C. 403~221년
진秦		B.C. 221~206년
한漢	서한西漢	B.C. 206~A.D. 25년
	동한東漢	25~220년
삼국三國	위·촉·오	220~280년
양진兩晉	서진西晉	265~317년
	동진東晉	317~420년
남북조 南北朝		420~589년
수隋		581~618년
당唐		618~907년
오대십국五代十國		907~960년
송宋	북송北宋	960~1127년
	남송南宋	1127~1279년
요遼		907~1125년
서하西夏		1038~1227년
금金		1115~1234년
원元		1271~1368년
명明		1368~1644년
청淸		1644~1911년

남북조 南北朝

- 420년 유유가 송宋을 건국, 남조 시작
- 433년 북위가 북량北涼을 멸해 16국 시대 종결
- 439년 위 태무제가 북방을 통일, 북조 시작
- 446년 위 태무제의 불교 탄압
- 450년 송 문제의 북벌 실패
- 460년 대동에 운강석굴 축조
- 462년 조충지가 대명력大明曆을 제작
- 471년 북위 효문제 즉위, 한족화 개혁 추진
- 479년 소도성이 송을 멸하고 제를 건립
- 485년 북위에서 균전제를 시행
- 494년 위 효문제의 낙양 천도와 개혁 시행
- 502년 소연이 제齊를 멸망시키고 양梁을 건국
- 520년 보리달마가 중국에 옴.
- 527년 『수경주』의 저자 역도원 사망
- 531년 고환이 기병하여 이주씨에 반발,
  양나라 태자 소통이 요절함.
- 534년 북위가 동위東魏와 서위西魏로 분할
- 548년 후경의 난으로 양 무제가 굶어 죽음.
- 550년 고양이 동위를 멸하고 북제北齊를
  건국
- 552년 후경이 왕승변에게 살해됨.
- 554년 서위가 강릉을 함락하고 양 원제를
  살해함.
- 557년 진패선이 양을 멸하고 진陳을 건국,
  우문각이 위를 멸하고 북주北周를 건국
- 572년 우문옹이 우문호를 살해하고 친정함.
- 577년 북주가 북제를 멸하고 북방을 통일

차례

남북조 下

남북조 上

남북조

上

南北朝

인물소개

탁발규拓跋珪

북위北魏의 개국 황제.
후연을 격파하고 영토를
크게 넓혔다. 선비족인 그는
한족 체제를 수용하고
인재를 등용하여
나라의 기초를 확립했다.

유유劉裕

남조南朝의 송宋을 건립한
송 무제武帝이다. 걸출한
정치가이자 군사전략가,
장수이다.

단도제檀道濟

송나라의 장수.
동진 말기에 유유가
후진後秦을 공격할 때
여러 차례 전공을 세워
관직이 정남대장군에
올랐다.

유의강劉義康

유유의
넷째 아들로
팽성왕彭城王에
봉해졌다.

사영운謝靈運

동진의 명장 사현의 손자로
강락공康樂公의 작위를 세습했다.
유명한 산수 시인으로 주로
송나라에서 활동했으며 중국
문학사의 산수시파를 창시했다.

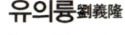

유의륭劉義隆

송 문제文帝. 경사經史를 두루
섭렵하고 예서를 잘 썼으며
모략에 뛰어났지만 몸이 약해
병이 많고 의심이 심했다.

범진范縝

자는 자진子眞.
남북조 시기의
유명한 무신론자이다.

탁발굉拓跋宏

북위의 효문제孝文帝.
헌문제獻文帝 탁발홍拓跋弘의
장자이다. 재위 기간에
과감하게 한족화 개혁을
추진해, 그 일환으로
가장 먼저 도읍을
낙양으로 옮겼다.

진백지陳伯之

집안이 가난하여 젊은 시절
도적질로 먹고 살았다.
후에 동향인 거기장군
왕광지王廣之를 따라 제의
안륙왕安陸王 소자경蕭子敬을
정벌하는 데 공을 세워
관직이 관군장군, 표기
사마까지 올랐다.

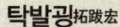

소연蕭衍

양梁 무제武帝.
남제를 멸망시키고
양을 건국했다.
재위 기간은 무려
48년으로 남조 황제 중
가장 길었으며,
불교를 추앙했다.

시대별 지도 –
남북조 南北朝

▼북위北魏 386~534
평성平城

북조 北朝

토욕혼吐谷渾   ▼서위西魏 535~557   ▼동위東魏 534~550
▼북주北周 557~581   장안長安   업鄴   ▼북제北齊 550~577

건강建康

남조 南朝

▼송宋 420~479
▼제齊 479~502
▼양梁 502~557
▼진陳 557~589

N
W   E
S

북위의 탁발규가 황제를 칭하다

384년, 모용수*가 후연(後燕)을 건국하고 황제를 칭했으며, 2년 후에 탁발규가 왕을 칭하고 북위를 세웠다. 후연은 강한 실력을 믿고 늘 북위를 괴롭혔다.

대왕, 연나라에 사신으로 간 대왕의 아우 탁발고가 연나라 태자 모용보에게 억류되었답니다.

뭐라고?

모용보가 천리마를 보내지 않으면 그를 놓아 주지 않겠다고 합니다.

꿈도 야무지군. 말 한 필도 보내지 않겠다고 전해라!

동생을 희생하는 한이 있더라도 절대 당하고만 있지 않겠다!

* 모용수慕容垂
　후연(後燕)의 개국 황제. 부견이 비수 대전에서 패한 후 독자적인 세력을 키워 후연을 건국했다.

15

후연에 순종하던 탁발규가 뜻밖에 반항을 하자 모용수는 탁발고를 살해하고 모용보 등에게 북위를 멸하라고 명했다.

대왕, 큰일 났습니다!

허겁
지겁

장연, 무슨 일인데 이리 허둥대시오?

모용수가 모용보와 모용린을 파견해 우리를 공격해 옵니다.

연나라가 전국의 병력을 총동원해 필승의 각오로 임하고 있습니다.

우리는 적의 상대가 안 되니 먼저 약세를 보여 저들을 느슨하게 만든 다음

후연의 황제가 죽었다는 거짓 소문을 내 적을 혼란에 빠뜨리십시오.

16

그러면 모용보와 모용린은 제위를 쟁탈하기 위해 분명 집안싸움을 일으킬 것입니다.

오, 훌륭한 계책이오!

저들이 내분에 빠졌을 때 기습 공격을 가합시다!

모용보 군영

탁발규가 전 부락을 이끌고 도망갔다고? 이런 겁쟁이를 봤나!

탁발규가 황하를 건넌 후 배를 모두 불살랐다고 합니다.

그 정도로 놀랐단 말이냐?

흐흐, 겁을 잔뜩 집어 먹었군!

탁발규는 절대 이 모용보의 적수가 못 된다!

탁발규는 거짓으로 겁을 먹은 척, 황하를 건너 진지를 구축했다.

우리가 배를 불태웠다는 얘길 듣고 모용보는 우릴 겁쟁이로 여기고 있을 겁니다.

그렇겠지?

그가 어떻게 생각하든지 우리야 몰래 배를 다시 만들면 되지.

이제 후연의 국서를 위조해 모용수가 죽었다는 소문을 퍼뜨리십시오.

당장 그리 합시다!

연나라 군이 강을 건너다 거센 풍랑을 만나 배가 침몰하고 일부 병사는 우리에게 포로로 잡혔습니다.

천우신조로다! 이 병사들을 이용해 거짓 소문을 퍼뜨리자!

대왕, 제발 저희를 살려 주십시오!

아, 가련한 것들!

우리에게 대항하지 않겠다고 약속하면 모두 돌려보내 주겠다.

약속 하겠습니다!

풀어 주어라!

살려 주셔서 감사합니다!

맞다, 이해가 안 가는 일이 있는데……

가우뚱~

너희 황제가 죽었는데 태자는 왜 돌아가지 않는 것이냐?

네?

후연의 병사들은 군영으로 돌아와 탁발규의 말을 모용보에게 알렸다.

도망쳐 온 병사들 말론 아바마마가 돌아가셨다는데 진짜일까…?

연로하고 건강도 안 좋으신 데다 최근 서신도 없으니 사실일지 몰라.

전하, 비상입니다!

군영 안에서 조왕 모용린이 반란을 꾸민다는 소문이 돕니다!

뭐, 반란?

폐하가 돌아가셨다는 소문이 퍼지자 모용린의 부장 모여숭이 조왕을 옹립할 계획을 세우고 있다고 합니다.

이런 발칙한 것! 모여숭을 당장 죽여라!

예, 전하!

탁발규 진영

후연의 사신을 중간에 모두 잡아 들여 도성 소식이 군영에 알려지지 않도록 하시오.

그럼 다들 모용수가 진짜 죽었다고 믿을 것이오.

일사천리!

모용보와 모용린이 다투게 되면 군사의 사기가 크게 떨어질 테니

그때 우리가 기습을 가하면 됩니다.

어, 맞은편 기슭에 웬 연기가?

후연 군이 전선을 불태우는 모양이오.

모용보가 철군을 준비하는 것이 틀림없구려!

일이 지체돼선 안 되니 즉각 기병을 출격시켜 적을 추격하십시오!

22

퇴각하던 모용 보는 참합파에 군영을 차렸다.

오늘밤 광풍이 부는 걸로 보아 북위 군이 우리를 기습할까 염려 됩니다.

지담맹, 괜한 말로 사람 놀래키지 마시오.

탁발규 같은 겁쟁이 에게 가당키나 한 일이오?

영명하신 태자 전하가 계신데 북위 군이 어찌 감히 우릴 기습 하겠소?

탁발규는 간계가 많은 자라 얕봐서는 안 됩니다!

알았소, 알았소. 그대 말을 들으면 되잖소.

23

그대가 3만 군사를 이끌고 군영 밖을 지키며 적의 상황을 정탐하라!

난 귀찮아.

예!

무슨 정탐까지. 병사들을 쉬게 하는 게 낫지.

후연이 방비를 게을리한 사이에 탁발규가 정예병을 이끌고 야밤에 군영을 기습했다.

돌격!

큰일 났다. 적군이 쳐들어온다!

으악!

무조건 항복
하겠습니다!

탁발규의 기습에 모용
보는 겨우 목숨을 건져
달아나고 병사 수만 명
이 포로로 잡혔다.

투항한
병사들은 어떻게
처리할까요?

모두
용서해 주고
돌려보내라!

나 착한
남자야!

그들을 돌려보냈다가 후환이 되면 어쩝니까? 차라리 모두 죽여버리십시오.

왕건의 방법이 잔인하긴 하지만 한 번 수고로 훗날의 근심을 없애는 게 낫겠어.

그대의 건의를 받아들이겠다. 그들을 모두 생매장하라!

당장 시행하겠습니다!

탁발규는 참합파 전투에서 대승을 거두고 후연과 맞설 수 있는 실력을 갖추었다.

396년, 탁발규는 마침내 황제를 칭하고 연호를 황시로 정했다. 그가 바로 북위의 개국 황제인 도무제道武帝이다. 이로써 남북조시대의 서막이 올랐다.

유유가 제위를 찬탈하다

백치 황제인 동진의 안제 安帝 사마덕종司馬德宗 재위 기간에 전공이 혁혁한 송공 유유가 조정 대권을 독점했다. 야심이 컸던 그는 결코 현재의 지위에 만족하지 않았다.

종일 바보에게 무릎을 꿇고 있자니 답답해 미치겠소!

송공, 바보 황제를 밀어내고 제위에 오르십시오.

아직 때가 아니오.

점쟁이가 창명 이후에 아직 두 황제가 있다고 말했소.

창명은 진 효무제 사마요의 아명 아닙니까?

그렇소. 효무제 뒤로 황제 둘이 더 있다는 것이오.

효무제 사후에 백치 황제가 즉위했으니 그 다음 한 명이 지나면……

하늘의 뜻을 거스를 수 없으니 다음 황제가 등극한 뒤에야 내가 황제에 오를 수 있소.

기다려야 하느니라

그럼 대인이 다른 사람을 골라 다음 황제로 세우면 되지 않습니까?

오, 그거 좋은 방법이오.

당장 백치 황제를 죽이고 새 황제를 옹립하리다!

쨍그랑

사람 살려!

아무리 소리쳐도 소용없소. 송공이 죽이기로 마음먹은 이상 절대 벗어날 수 없으니까!

으…!

유유는 사람을 시켜 안제를 시해하고 계획대로 누구를 다음 황제로 세울지 물색했다.

낭야왕 사마덕문司馬德文을 황제로 옹립할 생각이오.

29

낭야왕은 매우 총명하여 그를 옹립하면 껄끄럽지 않을까요?

염려 마시오.

백치 황제에게서 제위를 뺏으면 본전치기지만 총명한 사람에게서 빼앗는다면 체면이 설 것 아니겠소!

스릴 만점!

유유는 사마덕문이 즉위하자마자 먼저 자신을 왕에 봉하라고 협박했다.

폐하, 당장 송공을 송왕에 봉하십시오!

아… 알겠소.

유유가 왕을 칭한 후엔 제위를 노리겠지?

에휴~

30

송공이 송왕이 되면 나라를 위해 더욱 충성을 다할 것입니다!

반역이나 일으키지 않으면 다행이다.

이제 황제의 자리에 오를 때가 거의 다가왔구려.

지체해선 안 되니 빨리 손을 쓰십시오.

난 전대 서두르지 않을 생각이오.

왕망처럼 급하게 제위를 빼앗으면 사람들의 구설에 오르게 돼 있소.

흐흐…

그럼 대인의 뜻은……

가장 좋기로는 누군가 황제의 퇴위를 청하고 나서 내가 자연스럽게 제위를 이어받는 것이오.

그 방법이 가장 좋겠군요.

이에 유유는 대신들을 청해 연회를 열고 자신의 속내를 은근히 내비쳤다.

한 잔 드시오!

예, 송왕!

나는 지금껏 사방을 정벌하며 나라를 위해 큰 공을 세웠는데, 세월이 유수와 같아 어느덧 쉰일곱이라 머지않아 무덤에 들어갈 때가 되었소이다.

그래서 관직을 모두 내려놓고 평민으로 돌아 갈까 하오.

Really?

송왕의 공은 당대의 으뜸인데 평민은 안 될 말씀 입니다.

맞습니다!

물이 차면 넘친다고 했소. 제때 물러나지 않 으면 후환이 끊이 지 않을 것이오.

왜 애매모호한 말만 하는 거지?

나도 모르겠어.

이런 머저리들, 귀띔을 해줘도 못 알아먹다니.

으이구—

토끼가 죽으면 사냥개가 삶아지고, 적이 격퇴되면 신하가 죽는……

공을 세운 후 물러나는 것과 제위 찬탈은 공신이 목숨을 보전하는 두 가지 방법인데, 송왕은 절대 스스로 물러날 사람이 아니야.

알았다. 송왕은 우리가 그에게 황위에 오르라고 권하길 바라고 있어!

탁!

송왕!

부량, 무슨 할 말이라도 있소?

긴히 드릴 말씀이 있습니다.

그래도 내 말에 숨은 뜻을 눈치챈 자가 있구나.

옳지, 옳지

송왕과 부 대인 간에 긴히 나눌 말씀이 있어 보이니 저희는 이만 물러가겠습니다.

알겠소. 가 보시오.

말을 할까 말까. 크크

음...

제가 며칠 후 궁에 들어가 폐하께 제위를 선양하시라고 청하겠습니다.

허, 군이 그럴 필요까지야. 아무튼 일이 성사되면 내 섭섭지 않게 보상하리다.

감사합니다!

헤헤, 제위가 이제 한발 더 가까워졌어.

동진 황궁

폐하, 제위를 송왕에게 선양 하십시오!

헉!

휴, 결국 올 것이 오고야 말았군.

당장 선양 조서를 써 주십시오.

알겠소.

선양 조서를 다 쓴 후 내 궁을 떠나 낭야왕부로 돌아가리다.

현명하신 판단입니다.

이 황제는 말귀를 잘 알아 듣는군.

420년, 유유는 황제를 칭하고 송나라를 건립했다. 이로써 남방을 백여 년 동안 통치했던 동진이 멸망했다.

역시 모든 일은 순리를 따라야 해.

송나라는 남방에 위치해 북방의 북위와 멀리 떨어져 있었기 때문에 송을 남조, 북위를 북조라고 칭했다.

지금 사족이 정권을 쥐고 있어서 임금보다 신하가 강한 현상이 빚어졌다. 짐은 이를 더 이상 용납하지 않겠다!

대표적인 사족으로 왕씨, 사씨, 유씨庚氏, 환씨 등이 있고, 이 밖에도 수십 개가 더……

그렇게나 많이!

그들의 봉지와 작위를 삭감해서 황권에 대항할 기반을 뿌리째 뽑아야 해!

모조리!

강락후 사영운의 집

康樂侯府

37

사영운, 자네 봉지가 절반이나 삭감됐다고 들었네.

소문 한번 빠르네.

지금 폐하는 평민 출신이라 우리 사족을 고깝게 보고 있어.

봉지만 삭감되고 목이 달아나지 않은 걸 불행 중 다행으로 알아야 하네.

맞는 말일세.

사족이 조정 중신의 절반을 차지하던 건 이제 옛날 얘기야.

아, 옛날이여~

이로써 동진 때 사방에 위력을 떨치던 사족은 정치무대에서 멀어졌다.

38

모래로 쌀가마니를
채워 적을 속이다

송 문제 유의륭이 즉위 후 북위를
공격하자 위군은 대대적인 반격에
나서 송의 많은 영토를 점령했다.
상황이 여의치 않자 문제는 명장
단도제를 보내 위군을 막게 했다.

숙손건,
오늘이 네 제삿
날이다!

아뿔싸, 송군
대장이 단도제
였구나!

공격!

와ー

얍—

우리 군대는 단도제의 적수가 못 된다!

철수하라!

위군 진영

단도제가 오면서 우리에게 유리하던 전세가 역전되고 말았소.

어떡해—

송군은 먼 길을 달려 와서 식량 공급이 끊기는 걸 가장 두려워하니 그들의 식량을 불살라 버리십시오.

오, 좋은 생각이오!

식량이 없으면 천하의 단도제라도 순순히 물러날 수밖에 없어.

암~

송군 진영

이번에 단 장군이 오셨으니 위군은 끝장입니다!

뭘 또 대놓고 칭찬을. 흐흐

위군의 실력이 만만치 않으니 조심해야 하오.

큰일 났습니다. 위군이 우리 군량에 불을 지르고 있습니다!

뭐?

어찌된 일인지 빨리 가 봅시다!

활활!

화르륵─

끝장이다. 식량이 없으면 다들 굶어 죽을 텐데.

식량 없이 싸우기는 불가능하니 철군합시다.

힝!

송군이 식량이 없어서 철군 중입니다!

이 소식은 곧바로 위군의 귀에 들어갔다.

정확한 정보냐?

확실합니다. 거짓이면 저는 벼락을 맞아 죽을 것입니다.

호언장담

거짓이면 경을 칠 줄 알아라!

예비 식량은 몇 수레나 되더냐?

그 또한 불탔습니다.

이 기회에 그들을 궁지로 몰아넣으면 단도제를 사로잡을 수 있을지도 몰라.

지금 식량은 얼마나 남았소?

반 가마니도 안 됩니다.

누구에게도 알리지 말고 가서 쌀 몇 가마니만 가져 오시오.

네?

앞에서 영채를 차리고 쉬고 있을 테니 서둘러 주시오.

알겠습니다.

오늘밤 위군들 앞에서 멋진 공연 한번 펼쳐 볼까?

훗!

다다다

송군이 전방에 영채를 차렸습니다!

도망가기도 바쁜 통에 영채를 차렸다고?

아주 침착한 모습이 달아나는 것 같지 않았습니다.

너는 오늘밤 송군 본영 근처에서 그들이 무슨 짓을 꾸미는지 잘 살피도록 해라!

예!

대체 무슨 꿍꿍이지?

송군 진영

오늘 내 직접 식량 상황을 점검하겠다!

덜컹

덜컹

식량이 얼마나 남았는지 세어 보시오.

장군, 그게······

쉿!

대체 뭘 어쩌시려는 거지??

가마니 안에 모래를 가득 채우고 위에만 살짝 식량 으로 덮었소.

아하!

한 가마니!

새하얀 쌀이로구나. 다들 똑똑히 보았느냐!

쌀

계속 세시오.

예!

이 정도면 몇 달은 충분히 먹겠는걸.

헉-

송군의 식량이 부족하지 않잖아. 빨리 숙손 장군에게 알려야겠다.

위군 진영

뭐? 송군의 식량이 넉넉하다고?

예. 제 눈으로 직접 식량 세는 걸 봤는데 적어도 몇 수레는 됐습니다.

48

하마터면 단도제의 간계에 당할 뻔했구나!

거짓 정보를 보고한 병사의 목을 당장 베어라!

예!

이튿날

송군이 도망가는데 추격할까요?

쫓지 마라.

엥?

그들이 매복을 하고 기다릴 테니 절대 속아서는 안 된다.

누굴 바보로 아나?

다다다

하하, 위군이 과연 우릴 추격하지 않는군요. 이제 살았습니다!

매복이 전혀 없었다는 걸 알게 되면 저들이 어떤 표정을 지을지 궁금하구려.

하핫—

단도제는 지혜와 냉철한 판단으로 위기에 빠진 송군을 안전하게 철수시켰다.

북위는 단도제의 명성이 두려워 함부로 송나라를 공격하지 못했다.

스스로를 장성에 비유한 단도제

송 문제는 단도제를 높이 평가하여 그를 사공으로 발탁하고 심양을 지키도록 명했다.

단도제가 전쟁에서 몇 차례 승리한 게 그리 대단한 일이오?

탁!

유심, 폐하의 병이 깊고 조정 대권이 우리 손 안에 있으니 너무 마음 쓰지 마시오.

팽성왕, 그대가 황족이긴 하지만 폐하의 심중에는 단도제밖에 없소이다!

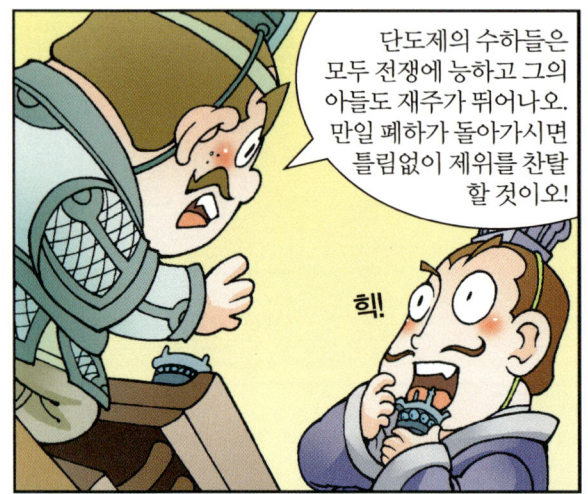

단도제의 수하들은 모두 전쟁에 능하고 그의 아들도 재주가 뛰어나오. 만일 폐하가 돌아가시면 틀림없이 제위를 찬탈할 것이오!

희!

그럼 어찌하면 좋겠소?

폐하의 손을 빌려 단도제를 제거합시다!

애초에 싹을 확!

폐하께 진언해 그를 죽이도록 하잔 말이오?

맞소이다. 끝장을 보는 김에 그의 세력까지 뿌리 뽑는 겁니다.

폐하, 단도제가 자신의 공을 믿고 오만방자하여 반역을 꾀할 수 있으니 조심하셔야 합니다!

단도제의 충심은 누구보다 짐이 잘 알고 있다.

우씨!

게다가 심양을 지키도록 명해 조정과 멀리 떨어져 있어서 아무 일 없을 것이다.

이런!

단도제에게는 목숨도 아까워하지 않는 병사들이 있습니다. 이들은 훗날 필시 후환이 될 것입니다.

폐하, 심사숙고하십시오!

그건……

몸도 아픈데 애들이 왜 이래.

지금은 폐하가 계시니 단도제가 감히 움직이지 못하지만

만일 폐하께 변고라도 생기면 송의 강산이 위험해집니다.

그렇다면 그대들이 알아서 하게.

하지만 단도제가 너무 멀리 있어서 그를 잡을 수가 없습니다.

그를 불러 달라는 말인가?

폐하의 병환이 깊으시니 이 일로 단도제를 소환하십시오.

그럼 그대들이 조서를 써서 단도제를 궁으로 부르도록 하라.

명에 따르겠습니다.

됐지?

심양

단도제는 어명을 받들라!

신 어명을 받들겠습니다!

단도제에게 이른다. 특별히 의논할 일이 있으니 조정으로 돌아오라!

신, 명에 따르겠습니다!

폐하의 병환이 깊으셔서 빨리 입궁하라는 명이십니다.

내일 바로 출발하겠소.

하루 종일 생각해 봤는데 궁으로 가지 않았으면 해요.

왜 그러시오?

별일 아닌데 궁으로 부르는 게 자꾸 맘에 걸려서요.

부인, 걱정도 팔자구려!

허허~

난 이 나라의 대들보요. 나를 죽이면 송의 강산이 위험해지는데 누가 허튼 수작을 부리겠소?

하지만 ……

꼭 무사히 돌아오겠다고 약속하리다.

단도제는 부인의 권고를 무시하고 아무 의심도 없이 궁으로 가 문제를 만났다.

폐하, 병환은 좀 어떠십니까?

도제야, 돌아왔구나.

폐하께서 부르시는데 어찌 오지 않겠습니까?

누가 네 공을 시기하는지 네가 역심을 품었다는구나.

짐이 부르는데 즉각 달려온 걸 보면 네 충심이 그대로 전해진다.

감동이야~♥

신은 폐하께 충성을 다할 뿐 절대 두마음을 품지 않았습니다!

털썩

알겠다. 전처럼 심양을 잘 지키도록 해라.

신 소임을 다하겠습니다!

별일 아니니 그만 돌아가 거라.

예, 폐하!

에고, 힘들다.

저벅 저벅

폐하, 왜 단도 제를 그냥 돌려 보내십니까?

그는 송나라를 위해 큰 공을 세웠고 충성심 또한 가득하다.

호랑이를 산으로 돌려보 냈다간 후환을 남기게 됩니다!

58

아이고, 머리야!

폐하!

폐하의 병세가 위중할 때 단도제를 제거해야 돼. 지금 그를 놓아 주면 훗날을 기약하기 어려워져!

까악─ 깍

왜 갑자기 불길한 예감이 들지?

단 장군은 멈추시오!

팽성왕, 무슨 일이시오?

폐하께서 돌아오라고 명하셨습니다.

이상하군. 방금 궁에서 나왔는데……

단도제는 은총을 입고도 보답할 생각은 하지 않고 오히려 두마음을 품고 짐을 속였으니……

난 폐하께 충성을 다할 뿐, 반역을 꿈꾼 적이 단 한 번도 없다!

헉!

네 말에 책임질 수 있느냐?

저자를 잡아라!

유의강, 이 더러운 놈!

폐하께서 내리신 성지를 감히 더럽다고 욕했느냐?

네 이놈~!

단 장군은 큰 공을 세웠으니 하옥되기 전에 술을 상으로 내려라.

하하!

욱...읍

곧이어 단도제와 그의 수하 장수 및 아들이 모두 처형되었다. 북위 는 단도제가 죽었다는 소식을 듣 고 기쁨을 감추지 못하며 즉시 대 군을 파견해 송나라를 공격했다.

오만한 천재 시인, 사영운

사영운은 위세가 대단한 사족 집안 출신으로 강락공을 세습했지만 송나라 건립 후 강락후로 작위가 강등되었다. 그는 매우 오만하면서도 재주가 특출난 중국 최초의 산수 시인이다.

어명을 받드시오. 사영운은 영가태수로 부임 하라!

신, 명을 받들겠나 이다.

사 대인, 바로 부임길에 오르시지요.

알겠소!

내 재능이면 재상에 임명되고도 남는데 겨우 영가태수 라니, 사람을 너무 깔보는 것 아냐?

쳇─

영가

사 태수, 공무가 다망할 텐데 산책 다닐 시간이 있나요?

공문을 보다가 머리가 어지러워서 아예 아랫사람에게 처리하라고 넘겼네.

사소한 일까지 내가 다 처리할 순 없지.

이건 근무 태만입니다. 만일 폐하께서 아시면……

폐하께서 억지로 이 직위를 맡기셨으니 탓을 하려면 용인의 부당함을 탓해야지.

그런 까칠한 성격은 버리십시오. 그러다가 괜히 애먹습니다.

이렇게 생겨먹은 걸 어쩌겠나, 하하!

그 얘긴 그만두고 산이나 오르세.

산에 오르는데 신발은 왜 벗으세요?

이 신발은 보통 신발이 아니라네.

이 신발은 앞굽과 뒷굽이 분리가 되네.

산에 오를 때는 앞굽을 빼고 내려올 때는 뒷굽을 빼면 힘이 전혀 안 들지.

와, 신기한 신발이네요!

맘에 들면 한 켤레 선물하겠네.

『주역』에 산속에 은거하는 것은 대길의 상이라고 했지.

나도 산속에 은거할 수 있다면 얼마나 좋을까!

65

살랑살랑 바람 일어 흐리다가 비 오는데, 저 낭자 시집가니 먼 들판에서 보내누나. 어이해 저 푸른 하늘은 날 버렸는지…

요즘 사람들 어둡고 막혀서 어진 이를 모르나니, 세월은 바삐 가고 이 몸만 늙어 가누나.

이 『유란조幽蘭操』는 공자가 뜻을 이루지 못함을 애통해하며 쓴 시야.

지금 나도 공자와 같은 신세일까?

식량 싸서 지팡이 짚고 구불구불 산길을 올라가네. 물길 따라 가노라니 길은 점점 멀어지고 꼭대기에 올랐으나 마음은 아직 여운이 남았네.

인기척이 있을 리 없을 터 고요히 포일*에 도달했네. 무념과 지혜가 서로 섞였으니 선성**은 여기서부터 나오네.

정말 멋진 십니다!

사씨 집안은 대대로 관료를 지냈는데 정말 조정을 떠나 산속에 은거하려고요?

당연히 아니지.

* 포일抱一―
『도덕경』에 나오는 말로, 시비와 차별을 떠나 모든 것을 하나로 보는 마음가짐을 가리킴.
** 선성繕性
『장자』의 편명으로 본성, 즉 자연의 정신을 벗어나 살지 말라는 뜻.

난 어려서부터 '수신제가치국평천하' 이념에 물들어 살았네.

크게는 시정에 몸을 숨기고 작게는 초야에 몸을 숨기는 것이니, 관직에 숨는 게 산속에 갇혀 은거하는 것보다 훨씬 낫지!

사영운이 신세를 한탄해 지은 시는 금세 문제의 손에까지 들어갔다.

훌륭한 시다!

와우~

사영운의 문학적 재능이 뛰어나니 전대의 사서를 엮는 직책에 딱 어울리겠어.

사영운을 비서감에 임명해 『진서晉書』를 편찬하도록 하라!

예, 폐하!

사영운은 비서감에 임명
되자 기쁜 마음에 궁으
로 한달음에 달려왔다.

내가 비서감을
대리하는 동안 궁내
의 모든 장서를 조목
별로 분류했소. 한번
살펴보도록 하시오.

조목이
일목요연하게
정리가 아주 잘
돼 있습니다.

사 대인의 재능은
나보다 나으니 이것이
사서를 편찬하는 데
도움이 됐으면
좋겠소.

과찬이
십니다!

난 사임 후 전대
명사들의 일화를
정리해 책으로 엮어
『진서』에 누락된 부
분을 보충할
생각이오.

임천왕 유의경

* 유의경劉義慶
남조 송나라의 종실. 송 무제 유유劉裕의 조카이며 문학가.

임천왕께선 한나라 유향의 『세설』을 연구할 생각이십니까?

그렇소.

하지만 혼자서 이 고되고 방대한 작업을 완성할 수 있을지 걱정이오.

훗날 유의경은 많은 문학가를 소집해 『세설』 편저를 주도했다. 사람들은 유향이 지은 『세설』과 구분하기 위해 그의 작품을 『세설신어*』라고 불렀다.

이 상소가 모두 진외할아버지인 왕헌지**께서 쓰신 거란 말이지?

정말 멋진 글이야!

* 세설신어世說新語
후한 말부터 동진까지의 정치가, 문인, 사대부, 승려, 서인 등 600여 명에 이르는 인물의 이야기를 담고 있는 일화집.
** 왕헌지王獻之
중국 동진의 서예가. 왕희지의 막내아들로, 부친의 서법을 이어받아 호기 있는 서풍을 완성함.

민간에 전해지는 왕씨의 진품은 극히 드물어. 이것들을 훔쳐 다가 집에 숨겨 두면 후대에 값을 매길 수 없는 보물이 될 거야. 헤헤

이에 사영운은 한 가지 묘책을 생각해 냈다. 바로 왕헌지의 진품을 그대로 베끼는 것이었다.

글자가 판에 박은 듯이 똑같아! 나에게 이런 재주가 있었다니.

이 모조품을 진품과 바꿔치기 해도 전혀 분간해 내지 못할 거야.

귀신도 모르는데 아예 삼촌 사안의 진품까지 훔치자!

하지만 꼬리가 길면 잡 히는 법. 결국 그의 도둑 질은 발각되고 말았다.

장서실의 수많은 전대 상소가 모조품으로 바뀌었습니다.

뭐라고?

최근 누가 장서실을 출입했느냐?

사 비서감뿐입니다.

당장 그를 문초해 진품의 행방을 알아내라!

예, 폐하!

그리고 그의 비서감 직도 박탈하라!

휴, 천려일실*로 작품을 바꿔치기한 일이 장서실 관리원에게 발각되다니. 이제 낙향하는 수밖에 도리가 없구나.

물고기를 기르고 꽃이나 심으면서 한가롭게 살자꾸나!

대인, 회계태수 맹의가 뵙기를 청합니다.

안으로 모셔라.

선생이 불법에 정통하다 하여 가르침을 받을까 합니다.

가르침을 받기는요. 불경 몇 권만 읽으면 누구나 불법을 깨우칠 수 있습니다.

* 천려일실千慮一失
천 번 생각에 한 번 실수라는 뜻으로, 슬기로운 사람이라도 여러 가지 생각 가운데에는 잘못되는 것이 있을 수 있음을 이르는 말.

불경만 읽고 힘들게 수련하지 않는 사람이 어찌 불법을 깨우친단 말이오?

불경만 읽고 힘들게 수련하지 않아도 불법을 깨우친 사람이 여기 있소이다.

그게 뭐 어렵나?!

계속 엉뚱한 말만 늘어 놓을 거요?

이런 바보를 봤나? 전혀 얘기가 안 통하는군.

당신의 말은 완전 사교의 이설이요. 이는 당신이 불법을 완벽히 터득하지 못했다는 증거지.

자기 얘기만 주야장천 늘어놓는구먼.

불법 터득에는 혜안이 필요해서 어떤 사람은 죽을 때까지도 깨닫지 못하죠. 아무래도 맹 대인은 생시에 절대 불법을 깨우칠 수 없을 것 같소.

Never!

붉으락

사영운,
네가 감히 날
모욕하다니!

푸르락

흥, 두고 보자!
이 빚은 꼭 갚고
말 테다.

수준이 맞
아야 대화를
하지.

휙—

맹의가 조정에 사영운이 반란을 모의했다고 상서하자 사영운도 자기 변호의 글을 올렸다. 문제는 사영운의 재주를 아껴 책임을 묻지 않고 오히려 그를 임천내사에 임명했다.

사영운은 임천에 부임한 후 여전히 제멋대로 행동하다가 상사와 충돌이 빚어지자 군사를 일으켜 체포에 저항했다. 결국 그는 문제에게 사형을 선고받고 목이 달아나는 비극적 결말을 맞았다.

유의룡의 북벌이 실패로 끝나다

450년, 북위의 태무제 탁발도*는 10만 대군을 이끌고 송나라를 공격했다가 아무 성과 없이 돌아갔다. 이에 화가 난 탁발도는 송 문제에게 다분히 도발적인 편지를 보냈다.

내년 가을 내가 친히 군사를 이끌고 양주를 공격하면 네 천한 목숨도 위태로워진다.

북쪽의 연연, 서쪽의 혁련하, 저거, 토욕혼, 동쪽의 북연, 고구려는 나에게 멸망당하거나 내 호령에 놀라 겨우 목숨이 붙어 있을 것이다.

네 천한 목숨을 취하는 데 이 어르신이 친히 나설 필요가 없다.

---

* 탁발도拓跋燾
북위의 3대 황제. 화북 지역을 통일하고 송나라를 공격해 국력을 약화시켰다.

무술巫術에 능한 바라문교 승려 몇 명을 보내 염불을 외면 귀신이 너를 포박해 내 앞에 대령할 것이다.

씩 씩ㅡ

탁발도가 너무 무례하잖아!

도저히 참을 수 없다. 짐은 탁발도를 정벌하러 북벌에 나설 것이다!

폐하, 좀 더 신중히 판단 하십시오.

북위는 기병이고 아군은 보병이라 기병 하나가 보병 셋을 너끈히 당해냅니다.

심경지

심 장군은 걱정도 팔자요.

전에 선제께서 소수의 보병으로 다수의 북위 기병에 게 대승을 거두지 않았소?

폐하께서 북벌하신다잖아.

병법도 모르는 책상물림들이 어디 함부로 설치느냐!

헤헤.

내가 이겼다!

450년, 송은 군대를 다섯 부대로 나누어 북벌을 감행했고, 송의 북벌 소식을 들은 북위의 탁발도는 친히 군대를 통솔해 남하했다.

왕 장군, 북위 군영 주위에 초가집이 많으니 이를 이용하십시오.

불화살을 쏘면 불길이 군영을 덮쳐 위군을 불태워 죽일 수 있습니다.

왕현모

이런 멍청한 놈, 그걸 계책이라고 내는 거냐!

성을 함락하면 북위의 금은보화가 우리 차지가 된다. 그런데 불을 지르면 그것들이 모두 재로 변할 것이 아니냐!

많은 평민들이 우리 군에 몰려 들고 있습니다.

그래? 그들을 모두 군대에 편입시켜라.

그들이 가져온 식량은 어디에 둘까요?

식량 이라고?

지금이야말로 큰돈을 벌 수 있 는 기회다!

배 8백 개를 상납하는 자만 군인으로 받아 들여라!

네?

이러면 누가 군대에 들어오려고 하겠어?

북위 군영

송의 왕현모는 정말 무능한 작자로구나!

핫하하!

초가집을 토굴로 만드는 데 더욱 박차를 가하겠습니다.

그러도록 해라!

유의륭, 이번에 북위의 매서운 맛을 꼭 보여 주고 말 테다.

큰일 났다. 위군이 쳐들어 온다!

원호지는 왕현모처럼 우둔하지 않은 데다 아군은 수전에 약합니다.

강을 쇠밧줄로 봉쇄하라. 그들이 포위를 뚫지 못하면 순순히 항복할 것이다.

원 장군, 강이 북위가 설치한 쇠사슬로 막혀 돌아갈 수가 없습니다.

병사들에게 도끼로 쇠사슬을 끊으라고 명해라!

우리가 쇠사슬을 끊을 때 위군이 기습하면 어쩝니까?

위군은 수전에 약해 절대 우릴 공격하지 못한다!

쇠사슬을 모두 끊었습니다!

잘했다!

원호지가 군사를 이끌고 유유히 달아났지만 물이 겁난 위군은 감히 그들을 쫓지 못했다.

뭐? 송군이 그대로 달아났다고?

왜 그들을 가로막지 않았느냐?

아군이 수전에 약해 그들이 달아나는 걸 눈뜨고 바라볼 수밖에 없었습니다.

화살이라도 쏘지 그랬느냐?

사정거리가 너무 멀었습니다.

흥, 쓸모없는 것들!

물이 무서운걸.

짐이 건강으로 남하해 유의륭을 사로잡아 이 분통을 꼭 풀고 말 테다!

송나라 황궁

탁발도가 이미 과보를 공략해 건강과 지척에 이르렀다.

급선무는 건강을 수호하는 것입니다.

음.

아무래도 탁발도에게 사람을 보내 화친을 청해야겠어.

이에 송 문제는 사신을 보내 화친을 청했는데……

이 귤이 화친을 청하는 선물이란 말인가?

꼴랑?

이번 전쟁으로 국고의 돈이 모두 바닥나

폐하께서 차용증을 쓰고 왕공귀족에게 돈을 빌리는 실정입니다.

돈이 없어도 화친의 방식은 많다. 유의륭의 딸을 짐의 손자에게 시집보내고, 그의 아들은 짐의 딸과 혼인시켜라.

그렇게 하면 촌수가 이상해집니다.

송나라 사신을 접대하는 게 안 보이느냐? 당장 물러가라!

폐하, 병사들이 자꾸 설사를 합니다!!!

병사들이 설사를 한다고? 위군이 물갈이를 하는 게 틀림없어. 그렇다면 철군도 머지않았다.

병사들이 병에 걸리자 북위 태무제는 어쩔 수 없이 철군을 결정하여 화친도 흐지부지되었다. 이로써 이번 전쟁은 결론도 없이 허둥지둥 마무리되었다.

효문제가 한족화 개혁을 추진하다

490년, 북위 효문제 탁발 굉은 조모의 섭정을 물리 치고 친정에 나섰다. 한족 문화에 심취한 그는 개혁 을 단행하기로 결심했다.

우리 선비족은 많은 점에서 한족에게 뒤처지니 그들을 열심히 연구해야 돼.

황무지인 평성에 위치한 도성도 차라 리 한족의 옛 도성 으로 옮기는 게 낫겠어.

좋아!

조정의 고집불통들이 천도를 반대할 게 빤하니 그들을 설득할 방법을 찾아보자.

짐이 친히 남제 정벌에 나서 기로 결정했소!

친정을 하신 지 얼마나 됐 다고.

헉, 전쟁 이닷!

각 대신들도 대군과 함께 출발 할 것이오!

태상경은 이번 출정이 길한지 흉한지 점쳐 보시오.

예, 폐하!

신이 점을 친 결과 혁괘*가 나왔습니다.

혁괘는 대길의 징조이니 이번 남정은 대승이 확실하구려.

＊혁괘革卦
『주역』의 64괘 중 하나로 못 가운데 불이 붙어 있음을 나타낸다.

폐하께서는 남정에 나섰다가 대패한 선제의 전철을 밟아서는 안 됩니다!

임성왕 탁발징

시대가 바뀌었소!

부견도 그런 말을 했다가 비수 대전에서 참패한 사실을 아시잖습니까?

지금 짐에게 맞서는 것이오?

남정 계획을 거두지 않으신다면 끝까지 간할 것입니다!

팽팽—

숙부만 남고 모두 물러가시오!

89

짐이 중원으로 천도하려는데 숙부의 생각은 어떻소?

남정이 목적입니까, 천도가 목적입니까?

대신들이 천도를 반대할까 염려해 남정을 구실로 그들을 속였던 것이오.

오, 멋진 계책입니다.

평성은 물산이 적고 교통이 불편해 각종 물자를 내지에서 운반해 와야 하니 확실히 도성으로 적합하지 않습니다.

어리신 줄만 알았더니 영명하시구먼.

숙부는 진정한 나의 장량이오!

폴짝~

그런데 업성과 낙양 중 어디로 천도하는 게 낫겠소?

업성은 황하 북쪽에 위치해 있고, 식량과 직물이 많이 생산됩니다.

낙양은 황하 남쪽에 자리해 많은 왕조가 그곳에 도읍을 정했고요.

그건 대답이 아니잖소?

신도 업성과 낙양 중 어디가 좋을지 잘 모르겠으니 폐하께서 선택하십시오.

업성! 낙양! 다 좋아 좋아.

짐이 낙양을 좋아하니 그리로 천도합시다.

조력자를 얻은 탁발굉은 대신들을 모두 이끌고 과감하게 남쪽으로 향했다.

겨우 대신들을 속여서 평성을 나오긴 했는데 도중에 그들이 결사반대한다면 공든 탑이 무너질까 걱정이오.

신이 이충과 연극을 한 편 꾸며 보겠습니다.

연극을?

91

우리가 이렇게 하면 ……

속닥 속닥

쏴-

쏴-

큰비도 우리의 남정을 막을 수 없다. 자, 출발한다!

난 너무 힘들어.

젊어서 기운이 넘치네.

신은 남정을 계속할 수 없습니다!

이충, 짐의 명을 거역하는 것이냐?

먼 길을 달려 오느라 사병들이 모두 녹초가 됐습니다!

신은 목숨을 걸고라도 인심을 잃는 이번 남정을 막아야겠습니다!

짐을 막는 자는 죽음뿐이다!

폐하, 이러지 마십시오!

나 배우가 될까 봐.

남정만 아니라면 어떤 일이라도 받아들이겠습니다!

그렇습니다!

그렇다면 남정과 낙양 천도 둘 중 하나를 선택하시오!

에······

천도에 찬성하면 왼편에 서고 반대한다면 오른편에 서시오!

신은 왼편에 서겠습니다.

안정왕 탁발휴는 오른편에 섰는데 천도에 반대한다는 뜻이오?

이렇게 반대하는 자가 있으니 남정을 계속한다!

아닙니다. 신도 천도에 찬성합니다!

부랴 부랴

어찌됐든 천도가 남정보다 낫구려.

495년, 효문제가 낙양으로 천도하며 북위 역사의 새로운 장을 열었다.

조정에서 경들의 말을 듣고 있으면 정말 괴로워 미치겠소.

94

국가대사를 논하는데 어찌 그런 말씀을 하십니까?

오해 마시오. 짐이 지적한 건 그대들이 쓰는 언어 때문이오.

누구는 선비족 말을, 누구는 한족 말을, 또 누구는 두 언어를 섞어 써서 듣기 너~무 부자연스럽소.

그럼 조정에서 쓰는 언어를 하나로 통일하면 되지 않습니까?

짐의 말이 바로 그 말이오.

이제부터 조정에서 선비족 말을 쓰는 자는 즉각 파면한다!

그게 무슨 말씀 입니까?

또한 선비족 복장을 모두 벗고 한족 복장을 입으시오!

몇 개를 바꾸 시는 거야?

95

이충, 무슨 의견 있으시오?

신은 폐하의 결정을 지지합니다.

이충은 한족이라 찬성하는 건 당연합니다!

맞습니다. 그의 말은 듣지 마십시오!

들켰네. 크크

선비족과 한족이 같은 복장을 입으면 민족 간의 장벽도 줄어들 겁니다.

그대의 말이 맞소. 그럼 그렇게 결정합시다.

이번 결정은 선비족의 근본을 부정하는 것이나 다름없습니다!

좋다. 짐이 조상을 욕보였다고 말하니 그 끝을 보여주겠다!

모든 선비족 성씨를 한족 성씨로 바꾸도록 명한다!

짐이 몸소 모범을 보여 탁발씨를 원元씨로 바꾸겠다. 이후로 탁발 굉은 없고 원굉이 있을 뿐이다!

모든 선비족 대신들은 빨리 성씨를 바꿔 짐을 실망시키지 마라!

구목릉씨는 목씨로 바꾸고, 보륙고씨는 육씨, 하뢰씨는 하씨, 독고씨는 유씨로 바꿨습니다.

음…

좋았어!
가장 까다로웠던
집안까지 성씨를
모두 바꾸었구나.

이후로는
한족과의 통혼도
장려하도록
하시오!

당장 시행
하겠습니다!

효문제가 추진한 일련의 한족화 개혁으로 북위 문화는 점점 번창했을 뿐 아니라 선비족과 한족 간의 갈등도 크게 완화되었다.

손에
손 잡고~♪

우리는
하나~♬

무신론자 범진의
『신멸론』

479년, 소도성蕭道成이 황제를 칭하고 남제南齊를 건립했다. 당시에는 불교가 크게 흥성했는데 소도성의 아들 경릉왕 소자량은 특히 불학을 숭상해 항상 명승들을 모아 놓고 불법을 토론했다.

전생에 착한 일을 하면 현세에 부귀영화를 누리고, 나쁜 짓을 저지르면 비천하고 빈궁해집니다.

범진 선생, 왜 웃으시오?

크크… 피식

경릉왕, 방금 그 말이 너무 웃기지 않습니까? 사람이 죽으면 재로 변하는데 어디 전생과 현세가 있단 말입니까?

사람이 죽어도 영혼은 환생하지 절대 사라지지 않습니다!

사람은 육체와 영혼이 있소. 사람이 죽으면 육체가 썩고 영혼도 당연히 사라지죠!

영혼이 발이 있어서 뛰쳐나오나?! 크크

선생이 인과응보를 믿지 않는다니 하나 묻겠소. 왜 세상에는 부귀한 사람과 빈천한 사람이 있는 것이오?

그것은 우연한 현상일 뿐이며 인과응보와는 아무 관계가 없습니다.

같은 나무의 꽃도 어떤 건 그 자리에 떨어지고 어떤 건 변소에 떨어집니다. 이건 순전히 우연의 결과입니다.

사람도 마찬가지로 어떤 이는 나면서부터 빈천하고 어떤 이는 부귀한 것이죠.

불교도 우연성을 인정했습니다. 제 대답에 만족하십니까?

받아칠 말이 생각 안 나!

당신 정말……

경릉왕은 범진과 논쟁했지만 끝내 그를 굴복시키지 못했다. 한편 범진은 대담하게도 무신론을 주장하는 책을 쓰기 시작했다.

영혼이 곧 형체이고 형체가 곧 영혼이다. 형체가 존재하면 영혼도 존재하고 형체가 없어지면 영혼도 사라진다.

아무렴, 그렇고 말고.

『신멸론神滅論』이 드디어 완성됐다!

경릉왕부

竟陵王府

어디 감히! 범진이 갈수록 돼먹지 못한 짓을 저지르는 구나!

神滅論

뭐, 불교가 혹세무민*하고 조정에 위해가 된다고?

神滅論

*혹세무민惑世誣民
세상을 어지럽히고 백성을 미혹하게 하여 속임.

내 반드시 범진의 생각을 바꿔 놓고 말겠어!

탁!

경릉왕은 승려들을 불러 모아 범진과 논쟁하는 자리를 마련했다.

세상에 귀신이 없다는 말은 불경에 대한 모독입니다!

그럼 당신들이 말하는 귀신은 어디에 있소?

귀신은 어디나 없는 곳이 없습니다.

많은 책에서 귀신을 언급하고 있습죠.

꿈속에서도 귀신을 보고요.

......

열심히 떠들지만 귀신이 어디에 있는지는 말하지 못하는군요. 그건 진짜 귀신을 본 사람이 없기 때문이오.

103

허니 귀신은 허무맹랑한 얘기요!

그럼 그대는 자기 조상의 신령도 경외하지 않습니까?

당신이 그토록 경외한다면 나와서 한마디만 해 달라고 부탁하시죠.

그건……

빨리 반박을! 아…

이 많은 사람들이 범진 하나 이기지 못하다니……

시무룩~

왕융 대인께서 어쩐 일로 찾아 오셨습니까?

범 선생이 계속 경릉왕과 대립하니 앞날이 걱정스럽소.

그대가 고집을 꺾고 잘못을 인정했다면 벌써 중서랑 같은 고위직에 올랐을 거요.

관직과 재물을 탐내 내 양심을 팔았다면 대인께서 권하지 않아도 이미 고관에 올랐겠죠.

하지만 전제 견해를 굽힐 생각이 없습니다!

절대

502년, 소연이 제위를 찬탈한 후 국명을 '양'으로 고치고 무제에 즉위했다. 범진은 진안태수에 임명되었다.

범진, 짐이 각 경들 및 그대와 함께 신령이 존재하는지를 토론해 볼까 하오.

폐하는 세상이 다 아는 독실한 불교 신자야. 토론을 핑계로 내게 귀신의 존재를 인정하도록 강요하려는 거군.

저벅

저벅

다 모였으니 짐이 먼저 얘기 하리다. 세상에는 분명 신령이 존재하오. 그것은 사람의 육체마다 존재하고 있소.

세상에 신령이 어디 있습니까? 천하에 신령을 본 사람이 있습니까?

우리 정신이 바로 신령이오.

정신과 육체는 생사를 같이합니다. 따라서 신령이 육체를 떠나 환생한다는 주장은 자기모순입니다.

육체는 지각이 없고 정신은 지각이 있소. 양자는 완전히 다른데 어찌 생사를 같이한단 말이오?

육체는 정신이 의탁하는 매개체고 정신은 육체가 살아가는 동력이오. 양자는 하나이기 때문에 생사를 같이하는 것이오!

져 주질 않네…

도와줘서 고마우이.

육체와 정신이 하나인데 왜 명칭은 완전히 다른 것이오?

육체와 정신의 관계는 칼과 칼날의 관계와 같소. 칼날이 없으면 칼이라고 부를 수 없지만 두 가지 명칭은 각기 다르지 않소?

따라서 정신은 육체를 떠나 존재할 수 없는 것이오.

범진의 입담은 당해낼 재간이 없다.

귀신이 없다는 관점을 고집하는 저의가 대체 무엇이오?

그 이유는 지금 불교를 믿는 사람이 너무 많기 때문입니다.

사람들은 배를 곯고 가산을 모두 탕진하면서도 귀신과 부처에게 복을 빌고 있습니다.

그들의 재물로 웅장하고 화려한 사원을 짓는 것이 백성의 재물을 훔치는 것과 무엇이 다릅니까!

네가 도를 어기고 사실을 왜곡하며 성인을 모독하는구나!

폐하께서 신의 견해를 반박할 수 없다고 세 가지 죄명을 씌우시는군요.

너무 의기양양해 하지 마라. 우리의 학식이 얕아서 널 이기지 못한 것뿐이다!

의기
양양

내가 말한 것이 진리인데 누가 진리를 이기겠어?

휴, 오늘 토론은 범진의 승리로 여기서 마친다.

이후 범진은 『신멸론』의 미비한 이론을 보완하는 작업에 매달렸다.

불도가 정사를 해치고 승려가 풍속을 좀먹어 내 그 폐단을 슬퍼해……

『신멸론』 수정이 끝났다!

하~

『신멸론』 수정 원고가 널리 퍼지면 폐하께서 또 날 귀찮게 하실 텐데, 어쩌지?

양 무제는 과연 조야의 승려를 모두 동원해 교대로 범진과 일대 설전을 벌이게 했다. 범진은 이치에 근거해 침착하게 그들의 주장을 반박하여 다시 완승을 거두었다.

양 무제는 범진의 견해에 크게 진노했지만 『신멸론』 발행을 금지하지는 않았다.

구지가 편지로
진백지를
항복시키다

505년, 양 무제는 북위에 내란이 발생한 틈을 타 북벌에 나서 전국을 통일하고자 했다.

소굉, 그대를 이번 북벌의 총사령관에 임명한다.

명을 받들겠 습니다!

이번 북벌은 절대 실패해서는 안 된다. 회남의 군사 요충지 인 수양과 의양을 반드시 점령하라!

예, 폐하!

소굉 군영

서주자사 창의가 수양 동북쪽의 양성을 공격했다가 대패해서 돌아왔군.

양성은 수양에 가려면 반드시 거쳐야 할 곳이라 꼭 점령해야만 하는데.

양성을 지키는 진백지는 전에 우리 왕조에서 강주자사를 지냈습니다.

그래?

그런데 왜 위에 항복했지?

당시 진백지가 강주를 엉망으로 다스렸다고 합니다.

아하, 폐하의 처벌을 피하기 위해 위로 도망간 것이구나.

우리가 절절한 투항 권유 편지를 보낸다면 그의 맘이 움직일지도 모른다.

진백지는 무식쟁이여서 소용없습니다.

시도해 보지도 않고 어찌 알겠느냐?

군사를 쓰지 않고 이기는 거야.

구지*에게 투항 권유 편지를 쓰도록 명해라.

진백지가 글을 잘 모르니 문장을 가능한 한 쉽게 써야 하는데.

* 구지丘遲
　양나라의 문학가. 수많은 시를 남겼으며, 특히 진백지에게 투항을 권유한 글이 명문으로 꼽힌다.

멀리 고향을 떠난 사람이 한시도 잊지 못하는 것이 과연 뭘까?

당연히 집 앞의 꽃과 풀이죠!

아차, 고민 중이신데 방해해서 죄송합니다.

네 말이 맞다. 진백지는 틀림없이 강남의 초목을 그리워할 거야. 드디어 진백지를 설득할 방법을 찾았다!

빙고!

진백지 군영

양군에서 장군께 편지를 보냈습니다.

편지?

읽어 보아라!

예!

장군의 용맹은 삼군 중에 으뜸이고 재능 또한 출중합니다. 현명한 황제를 만나 공적을 세우고 조상을 빛내야 하는데,

갑자기 배반하고 위나라로 달아나 위의 통치자에게 무릎 꿇고 예를 올리니 이는 정말 비열한 행동입니다.

집중―

우리 조정에서는 신하를 쓸 때 전의 잘못은 전혀 따지지 않습니다.

다들 잘 있을까? 보고 싶구나!

양나라에 장군의 조상 묘가 있고 친척들은 안락한 삶을 누리고 있습니다. 집도 아직 허물지 않았고 애첩들이 여전히 기다리고 있습니다.

115

지난 춘삼월 때 강남에 푸른 풀이 무성하고 각색 꽃이 만발했으며 새들은 날개를 펴고 훨훨 날았습니다.

고국 군대의 깃발을 보면 옛 기억이 새록새록 나겠죠?

성루에 올라 멀리 바라보면 마음이 또한 울적해질 것입니다.

고향 생각에 염파는 다시 조나라 장수가 되길 갈망했고, 오기는 서하를 떠날 때 얼굴을 가리고 통곡했습니다.

이것이 인지상정인데, 장군은 고향 생각이 나지 않으십니까?

흑흑······

그만 읽어라!

네?

내 꼭 고향 으로 돌아가야 겠다!

하지만 고향으로 돌아가는 유일한 방법은 투항 뿐이라……

장군, 심사숙고하 십시오.

이 양반이 지금 무슨 생각을…

장군의 아들 진호아가 위의 도성에 있어서 만약 장군이 투항하면 위나라는 그를 죽일 것입니다.

지금 양군에게 투항하면 난 당당하게 내 나라로 돌아 갈 수 있어.

여기서 더 주저하다간 저들이 내 진심 을 의심할 거야.

아들아, 미안하구나. 지금 너를 돌볼 겨를이 없다!

구지, 정말 대단하구나. 진백지가 8천 군사를 이끌고 우리에게 투항했다.

하하!

헤헷~

잘됐습니다.

118

그 무식쟁이가 네 편지를 받자마자 감격해서 눈물을 흘렸다는구나.

이번에 네 공로가 가장 컸다.

과찬의 말씀입니다.

진백지가 항복하자 양 무제는 지난 일을 모두 잊고 그를 예주자사에 임명했다.

짐이 큰 실수를 저질렀다.

네?

변덕스러운 진백지를 예주자사에 임명하는 것이 아니었어!

119

진백지가 다시 위에 투항할까 염려되십니까?

그렇다.

불안~ 불안~

진백지는 절대 위에 투항하지 않습니다.

왜지?

위나라는 진백지가 투항한 걸 알고 화가 나 그의 아들 진호아를 죽였습니다.

진백지가 아들을 죽인 불구대천*의 원수 위나라를 증오할 거란 말이지?

* 불구대천不俱戴天
하늘을 함께 이지 못한다는 뜻으로, 이 세상에서 같이 살 수 없을 만큼 큰 원한을 가짐을 비유적으로 이르는 말.

만약 그의 관직을 삭탈한다면 나중에 누가 우리에게 투항 하겠습니까?

맞는 말이다.

그럼 진백지의 관직을 올려줘야겠구나. 그를 통직산기상시에 임명해 짐의 관대함을 세상에 널리 알려라!

양성을 함락한 이후 아군이 그야말로 파죽지세*로군요.

행복해~

병아, 아군이 수양, 합비, 양석, 곽구, 구산을 점령 했습니다!

* **파죽지세**破竹之勢
　대를 쪼개는 기세라는 뜻으로, 적을 거침없이 물리치고 쳐들어가는 기세를 이르는 말.

이번 북벌의 승리는 구지가 큰 공을 세웠다!

눈물의 편지 작전!

그의 문장은 길이길이 전해져야 합니다.

맞다!

구지의 투항 권유 편지는 변려문의 대표작 중 하나로, 후대에 붓이 창을 이긴 천고의 걸작으로 칭송받고 있다. 특히 문장 중에 강남의 경치를 묘사한 대목은 사람들이 대대로 암송하는 명구가 되었다.

122

남북조 下

남북조

下

南北朝

인물 소개

소연蕭衍
양梁 무제武帝. 남제를 멸망
시키고 양을 건국했다.
재위 기간은 무려
48년으로 남조 황제 중
가장 길었으며,
불교를 추앙했다.

달마達摩
본명은 보리달마菩提達摩.
자칭 인도 불교의 28대
조사이자 중국 선종禪宗의
창시자이다.

진경지陳慶之
양나라의 장수. 어렸을 때
양 무제를 수행하다가 후에
무위장군에 봉해졌다.
담력과 지략이 뛰어나고
군사 통솔에 일가견이 있어
인심을 크게 얻었다.

소통蕭統
양나라의 문학가.
양 무제의 장자로 시호는
'소명昭明'이다.『문선文選』
편찬을 주관했다.

후경侯景
선비족. 548년에
반란을 일으켜
양나라를 공격하고,
551년에 제위를
찬탈하여 황제에
올랐다.

진패선陳霸先
진의 고조 무황제武皇帝. 탁월한
군사가이자 정치가이다.
진나라의 개국 황제로
포부가 원대하면서도
부지런하고 근검했다.

승부인冼夫人
본명은 승영冼英.
고량태수 풍보馮寶에게
시집가 양·진·수 세
왕조를 거치며 살았다.
중국의 유명한 여걸로
국가 통일과 민족 단결에
일생을 바쳤다.

구양흘歐陽紇
지방 호족 출신으로
진 선제 때 반란을
일으켰다가 실패하고
살해되었다.

풍복馮僕
후경의 난 평정에 공을
세운 고량태수 풍보와
승부인의 아들.

난릉왕蘭陵王
이름은 고장공高長恭.
용맹스럽고 싸움을 잘했다.
얼굴이 너무 아름다워 적에게
위압감을 주지 못했기 때문에
전쟁에 나갈 때마다 흉악한
가면을 썼다고 한다.

역도원酈道元
중국의 유명한
지리학자이자 문학가.
방대한 지리서인
『수경주水經注』를
저술했다.

중국 선종의 창시자, 달마대사

526년, 달마대사가 남천축에서 배를 타고 3년이 걸려 광주에 다다랐다. 양 무제는 이 소식을 듣고 크게 기뻐하며 즉각 사신을 보내 달마대사를 도읍인 금릉으로 초청했다.

짐이 즉위한 이래 사원 수백 채를 건설하고 수만 명이 출가했으며 번역해 판각 인쇄한 불경은 그 수를 셀 수 없습니다. 대사가 보기에 짐의 공덕은 얼마나 됩니까?

전혀 없습니다.

엥?

짐이 행한 일은 무량 공덕이라고 불경에 분명히 쓰여 있는데 어째서 공덕이 없다고 하십니까?

서운

불법은 생명 본래의 모습을 깨닫게 하고 생과 사가 끊임없이 윤회하는 상태에서 벗어나게 해 주기 위한 것입니다.

그대가 행한 선행은 미래에 잠시 안락함을 얻을 수 있는 결과에 불과할 뿐, 여전히 삼계*에서 윤회 중입니다.

멍…

그대의 선행은 등불 그림자처럼 있는 듯 보이지만 결코 실제로 존재하지 않습니다. 따라서 진정한 공덕이 아니라고 말한 것입니다.

스스로 마음의 본래 성품을 볼 수 있는 것이 공이요, 평등하게 중생을 대하는 것이 덕입니다. 진정한 공덕은 그대 마음속에 있지 복을 비는 일에 있지 않습니다.

그럼 무엇이 진정한 공덕이란 말이오?

도무지 무슨 말인지 모르겠어. 일부러 어려운 말로 날 현혹하는 거 아냐? 한번 시험해 봐야겠다.

불법에서 가장 신성한 진리는 무엇입니까?

*삼계三界
미혹한 중생이 윤회하는 욕계欲界, 색계色界, 무색계無色界의 세계를 가리킴.

130

심성은 허공처럼 아득하고 허명하며 맑고 꿰뚫어 관통하는데 신성함과 속됨이 어디 있겠습니까?

하하하

신성함이 없다면 지금 짐과 얘기하는 사람은 누구란 말입니까?

여긴 내가 머무를 수 없겠구나!

저도 모릅니다.

황당—

고승이라 해서 모셔 왔더니 이게 뭐람?

불법을 전혀 모르는 것 같구려. 여봐라, 손님 가신다!

불법을 진정으로 깨닫지 못한 양 무제는 달마대사를 궁에서 쫓아냈다.

안타깝게도 양 무제는 뭔가를 얻으려는 마음으로 보시布施해서 자신의 본성을 깨닫지 못했어.

가까운 위나라로 가서 불법을 전파하자.

난 쿨하니까.

양나라 황궁

폐하, 요즘 무슨 일로 안색이 그리 안 좋으십니까?

사실은 며칠 전 달마라는 천축 승려를 만났는데 ……

132

양 무제는 지공 선사에게 달마대사를 만난 얘기를 소상히 설명했다.

아이고, 달마대사는 바로 관세음보살의 화신이며 그가 전하는 불법은 참된 도입니다.

네?!

내 스승인 지공 선사는 득도한 고승이라 잘못 알 리 없어. 그럼 내가 성인을 몰라본 것이잖아!

앗! 나의 실수

여봐라, 빨리 달마대사를 쫓아가 봐라!

으이구, 배 떠난 뒤 손 흔들면 뭐 하누.

폐하께서 천군만마를 보내셔도 절대 돌아오지 않을 것입니다.

이런!

달마대사가 위나라로 가기 위해 장강에 이르렀을 때였다.

장강을 건너면 바로 위나라 땅이다.

다 다 다

배가 한 척도 보이지 않는데 어떻게 건너지?

폐하의 전갈입니다. 고승께서는 잠시 멈추십시오!

하하~ 그래, 이걸 이용하자.

고승…!

나 이런 사람이야!

갈댓잎을 타고 강을 건너다니 과연 고승이로다.

대단해

달마대사는 낙양에 도착해 숭산 소림사에서 기거했다. 그는 아직 불법을 전파할 시기가 무르익지 않았음을 알고 9년간 면벽*하며 묵언默言 참선을 수행했다.

*면벽面壁
좌선을 위해 벽을 마주 대하고 앉음.

135

낙산 용문향산

사부님, 저는 어려서 유가와 도가 경전을 섭렵했지만 결국 생사의 일을 초탈할 수 없음을 깨닫고 출가해 이곳에서 불법을 배웠습니다.

음, 눈 깜빡할 새 벌써 10년이 흘렀구나.

이후 여러 해 동안 각지를 다니며 설법을 듣고 공부해서 교의는 충분히 이해했는데 개인의 생과 사 문제는 여전히 수수께끼로 남아 있습니다.

신광*

불법 수행은 이해와 실천 모두 중요하다. 한편으로는 문자를 통해 교리를 이해하고, 다른 한편으로는 실질적인 수련이 따라야 한다.

보정선사

그래서 저도 수련을 시작해 매일 아침부터 저녁까지 정좌하며 선정**의 힘을 빌려 생사 문제를 해결하길 바랐습니다.

하지만 그렇게 8년이 지나도 여전히 깨달음을 얻지 못해서 사부님께 가르침을 청합니다.

허 참, 어렵구나!

* 신광神光
달마의 제자가 되어 법명을 혜가慧可로 바꾸었다. 눈 속에서 왼팔을 자르면서까지 구도의 성심을 보였다.
** 선정禪定
참선하여 삼매경에 이르는 것.

이에 신광은 보정 선사에게 작별을 고하고 숭산으로 가 달마대사에게 뵙길 청했지만 그는 면벽 정좌할 뿐 신광을 만나 주지 않았다.

내가 아는 건 네게 모두 전수했다. 숭산 소림사에 면벽하는 천축 승려가 있다 하니 그러면 가르침을 줄지도 모르겠구나.

힘내자. 지성이면 감천이니 대사께서도 감동하실거야.

몇 달 후

참자. 이 정도 추위쯤이야 뭐가 대수겠어.

으... 머리가 제일 추워.

덜덜덜~

눈이 이리 많이
내리는데 거기
계속 앉아서
뭐 하느냐?

제게 자비를 베푸
셔서 생사를 초탈해
열반에 드는 무상
묘법을 가르쳐
주십시오.

모든 부처가 가르치는
무상묘법은 끝없이 정진하고
부지런히 수행하는 것이다. 보통
사람이 행할 수 없는 일을 행하고
참을 수 없는 일을 참아야 진리를
깨닫는 법. 어찌 어쭙잖은 덕과
지혜, 가볍고 게으른 마음으로
진리를 얻겠느냐?

옛사람이 불법을 구할
때는 신체의 고통도 마다
하지 않고 호랑이 밥이 되
기도 했어. 나도 이를
본받아야 해.

그래,
하는 거야!

으악!

네가 불법을 얻으려 한 쪽 팔을 잘랐구나. 그 진심과 의지에 감동해 너를 제자로 받아들이겠다. 이제부터 네 법명을 혜가慧可라 부르자.

감사합니다, 사부님. 제게 불법의 진실한 이치를 가르쳐 주십시오.

ㅇ······.

불법의 진제*는 다른 사람에게서 절대 얻을 수 없다.

그렇다면 ······?

마음이 계속 안정되지 않습니다.

마음을 찾아내면 네가 안정되도록 도와주마.

마음이요?

* 진제眞諦
가장 궁극적인 진리.

과거의 마음은 이미 지나가 찾아올 수 없고, 미래의 마음은 아직 오지 않아 찾을 수 없어. 그럼 지금의 마음은?

내가 지금을 생각하는 그 시점도 이미 과거가 돼 버려 역시 찾을 수 없어.

내 마음이 과거에도, 현재에도, 미래에도 있지 않다면 내 마음은 과연 어디에 있단 말인가?

골똘

제 마음이 어디에 있는지 찾지 못했습니다.

하하, 내 이미 네 마음을 안정시켰다.

드디어 깨달았습니다!

달마가 전수한 가르침을 후세에 선종*이라 칭했다. 이로써 달마는 중국 선종의 창시자가 되었다.

* 선종禪宗
참선으로 자신의 본성을 구명하여 깨달음을 얻고, 부처의 깨달음을 교설敎說 외에 이심전심으로 중생의 마음에 전하는 것을 교의敎義로 하는 종파. 중국 양나라 때 전해져 당나라 중 · 후기 이후 중국 불교의 주류가 되어 문화 발전에 심대한 영향을 미쳤다.

불패의 명장, 진경지

525년, 북위의 종실 원법승元法僧이 팽성에서 반란을 일으키자 효명제孝明帝가 즉각 반란 진압에 나섰다. 곤경에 처한 원법승은 어쩔 수 없이 양 무제에게 구원을 요청했다.

진경지 그대를 선덕장군에 임명하니 팽성을 포위한 위군을 격퇴하라!

신은 활솜씨가 떨어지고 기마술이 형편없어 중임을 맡기 어렵습니다.

그대는 총명하여 전쟁터에 이르면 자연스럽게 실력을 발휘할 것이다.

난 문관인데....

네?

어명을 거역할 수 없었던 진 경지는 출정을 앞두고 마지못 해 활쏘기 연습에 매진했다.

이번에는 꼭 명중시켜 야 돼!

웬 활쏘기 연습입니까? 붓을 던지고 종군이라도 하는 건가요?

어? 쪽집게 구면.

폐하께서 전쟁터에 나가라 하시니 부지런히 연습해야죠.

피융—

휴, 또 빗나갔네.

폐하도 참! 군중의 그 많은 장수들을 기용하지 않고 문관에게 전쟁터로 나가라니.

폐하의 뜻을 누가 알겠습니까?

내 말이, 나도 괴롭다고요.

기회를 봐서 폐하께 전군의 목숨이 달린 일임을 주지시켜 주십시오.

꼭 그러리다.

폐하, 어쩌자고 문관을 전쟁터로 보내려 하십니까?

진경지를 얕보지 말게. 세상에는 하지 않아서 그렇지, 할 수 없는 일은 없다네!

오늘 우연히 그가 활 쏘는 모습을 봤는데 다 과녁을 빗나갔습니다. 그런 실력으로 과연 전쟁을 치를 수 있을까요?

적어도 진경지는 전투에 임해 도망가지는 않는다.

답답한 소리 하시네.

아무리 전투에 잔뼈가 굵은 장수도 큰 싸움을 만나면 놀라 도망치는데 하물며……

진경지는 절대 도망치지 않을 테니 걱정 붙들어 매게.

그것을 어찌 아십니까?

20여 년 전, 짐이 옹주자사로 있을 때 바둑에 미쳐서 한번 두면 밤낮을 가리지 않았네.

웬 바둑?

그래서 짐이 바둑판만 들면 다들 꽁무니를 뺐는데

오직 진경지가 나와 상대를 해 주었네.

훗, 옛날 생각 나는구먼.

다른 사람들은 왜 도망갔나요?

진경지는 내 바둑 친구가 되겠다는 약속을 끝까지 지켰지. 스스로 한 약속을 지키려고 밤새 잠도 자지 않는 그 끈기에 크게 탄복했다네.

짐이 바둑을 뒀다 하면 밤을 꼬박 새니 잠도 못 잘까 두려웠던 게지.

그래서 그가 단시간 내에 자신의 전투력을 끌어올리리라 확신하는 것이다.

아무래도 이번에는 폐하가 잘못 본 것 같아.

내 안목은 틀림없어!

양 무제는 마침내 진경지를 대장으로 삼아 전선에 군대를 파견했다.

진 장군, 위군 기병 2만 명이 쳐들어 옵니다!

즉시 전군을 소집해 응전 태세를 갖춰라!

벌떡

겨우 보병 2천으로 그들을 어떻게 이기죠?

지더라도 싸워야 한다!

설사 군사 하나가 남더라도 끝까지 싸운다.

아자, 절대 물러설 수 없어!

이때 진경지의 부대는 모두 흰 도포를 걸쳐 '백포 부대'라는 이름을 얻었다.

백포 부대는 나를 따르라!

얍!

모두 잘 싸웠다!

이 싸움에서 진경지는 군사력의 열세를 딛고 북위군에게 대승을 거두었다. 그런데 이때……

큰일 났습니다. 예장왕이 위군에 항복했습니다!

예장왕을 서주로 호송하라는 명을 받았는데 그가 적에게 항복할 줄이야.

예장왕의 말로는 폐하께서 그의 부친을 죽이고 모친을 강탈했는데 그때 모친이 그를 임신 중이었다고 합니다.

폐하는 그를 자기 아들로 잘못 알고 예장왕에 봉한 것이죠.

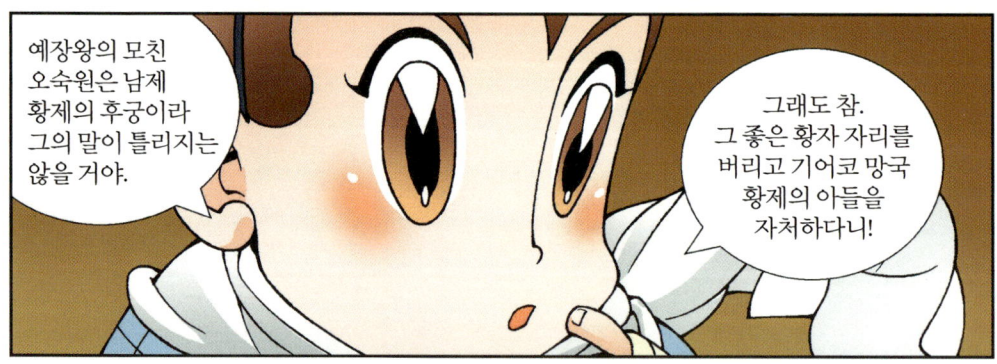

예장왕의 모친 오숙원은 남제 황제의 후궁이라 그의 말이 틀리지는 않을 거야.

그래도 참. 그 좋은 황자 자리를 버리고 기어코 망국 황제의 아들을 자처하다니!

예장왕이 투항했으니 어찌 대처 할까요?

아군의 군사기밀이 새어 나가 전투에 극히 불리하다. 즉각 철수한다!

양나라 황궁

죽여 주십시오. 신이 맡은 바 임무를 다하지 못했습니다!

이건 네 잘못이 아니다. 너는 소임을 다했다.

내 눈이 정확했어.

네가 형세를 정확하게 판단해 전군이 안전하게 회군할 수 있었다.

역시 짐을 실망시키지 않았구나!

이제 문관은 그만두고 훌륭한 무장이 되어라!

예, 폐하!

527년, 양 무제는 예장왕이 투항한 데 대한 보복으로 대장 조중종과 진경지를 파견해 북위의 와양성을 공격했다.

조 장군, 양군이 일진일퇴의 공방을 벌여 열 달 동안 승부가 나지 않고 있습니다.

위군이 우리 후방에 영루를 세우고 있다 하니, 앞뒤로 적의 공격을 받지 않으려면 철군하는 게 좋겠소.

전쟁에 임해 도망갈 생각부터 하십니까!

하지만 우리와 위군의 실력 차가 너무 많이 나잖소.

교전한 지 1년이 돼 가도록 위군이 우리보다 우위를 점했습니까?

실력 차는 무슨?

지금까지 전투를 치르면서 무수한 군량과 돈을 허비했습니다.

적이 고작 영루 몇 채 세운다고 놀라 도망간다면 나라와 백성에 떳떳할 수 있습니까?

다들 일치단결해 적과 결사전을 벌인다! 도망가려 하는 자가 있다면 사형에 처하겠다!

그래도 내가 주장 인데…

내…내가 주장인데 감히 어디서 명령을 하느냐!

내게 죄인을 즉결 처분할 수 있는 폐하의 밀지가 있소!

그럼 그대의 명에 따라야지.

깨갱~

양군 진영

주목하라! 오늘밤 기습은 신속함이 생명이다!

진경지는 밤에 암흑을 틈타 기습을 감행했다.

위군의 영루 네 채를 함락하자 와양성도 투항했습니다!

다들 수고 많았소.

양나라 황궁

진경지가 와양을 함락하고 시체가 회하를 막을 정도로 적군을 많이 살상했습니다.

진경지를 알아본 폐하 짱!!

하하, 진경지가 실로 대단하구나!

낙양성 아이들 사이에서는 "아무리 군사가 많아도 백포를 피하라"라는 노래가 유행이랍니다.

짐이 친히 조서를 써서 진경지를 표창 하겠다!

진경지는 계속 승승장구하며 자신의 전설을 이어나갔다. 그가 비록 남북조의 대치 국면을 바꾸지는 못했지만 "남방은 수전에 능하고 북방은 육전에 능하다"는 정설을 깨뜨렸다. 또한 그는 수하의 백포군과 함께 전쟁사의 미담이 되었다.

문장으로 이름을 날린 소명태자

양나라의 소명태자 소통은 양 무제의 장남으로 자는 덕시, 아명은 유마다. 그는 어려서부터 신동 소리를 들으며 자랐다.

유마야, 오늘은 뭘 공부했느냐?

아바마마!

『효경孝經』을 독파했습니다.

그래?

부효, 덕지본야, 교지소유생야. 신체발부, 수지부모, 불감훼상, 효지시야……

술술~

그게 무슨 뜻인지 짐에게 이야기해 주겠니?

아주 간단합니다.

효는 도덕의 근본이자 교화의 기본이다.

우리 몸은 부모에게서 물려받았으니 함부로 훼손하지 않는 것이 효의 시작이다.

오, 똑똑하구나!

껄껄껄

네가 어린 나이에 『효경』을 이리도 완벽하게 이해할 줄 생각도 못했구나!

폐하, 큰일 났습니다!

정 귀인께서 병이 깊어 임종이 가까웠습니다.

어마마마가……

뭣이라?!

제가 어마마마를 모시며 효도를 다하겠습니다!

걱정 마라.

착한 사람은 하늘이 도우니 네 모친은 곧 일어날 거다.

흑!

소통이 어머니를 정성껏 간호했지만 정 귀인은 끝내 세상을 떠나고 말았다.

흑흑

흑흑

전하, 계속 식음을 전폐하다 가는 건강을 해치십니다.

어마마마가 막 출상하여 먹을 것이 넘어가지 않는구나.

휴……

목이 메여~

폐하의 어명입니다!

아바마마가?

네 이런 모습을 짐은 더 이상 못 보겠다.

성인께서 자기 몸을 훼손하지 않는 것이 효라고 말하지 않았느냐.

게다가 짐이 아직 살아 있는데 자신의 몸을 돌보지 않아서야 되겠느냐?

앗!

뭐라도 조금 드시지요.

아바마마의 말씀이 옳다. 이제 내 몸을 챙겨야겠다.

그럼 주방에 바로 알리겠습니다!

그래.

죽이 나왔으니 뜨거울 때 드십시오.

놓고 가라. 좀 있다 먹겠다.

귀인께서 세상을 떠나신 후 전하께선 뼈만 남으셨습니다. 어서 드셔야…

앗! 죽 안에 파리가!

너무 큰소리 내지 마라. 요리사가 처벌받지 않게 아무도 모르게 죽을 갖다 버려라.

목이 달아나도 모자란 놈을 용서라니요?

천성이 착했던 소명태자 는 백성들의 비참한 삶에 도 항상 관심을 기울였다.

펄~

펄~

불쌍하게도 많은 백성들이 얼어 죽었구나.

지나치시질 못하셔.

한겨울인 데다 먹을 것이 너무 비싸서 죽는 것 말고는 다른 길이 없습니다요.

오늘부터 내 지출을 줄여 남는 직물과 쌀을 백성에게 나눠 주도록 해라!

동정심이 도가 지나치십니다!

사람이 죽어 가는데 나 몰라라 할 수 있느냐!

그럼 사람들이 죽으면 관을 사서 묻어 주는 건 어떨까요?

그 또한 좋은 생각이다. 돈이 없어 장례를 치르지 못하는 사람들을 위해 관을 마련해 주어라.

못 말리셔. 정말!

참, 직물과 쌀은 몰래 갖다 주고 절대 내가 보냈다고 알리지 마라.

좋은 일을 하는데 이름을 남기지 않다니요?

선행의 목적만 달성하면 됐지 굳이 사방에 알려 명성을 얻을 필요가 있느냐!

현포

그대들이 현포에 초대한 첫 손님들이니 유쾌하게 놀다 가시오!

오, 좋구나 좋아!

전하, 왜 이곳의 이름을 현포라고 지었습니까?

혹시 그 안에 현묘한 이치라도 숨겨진 것입니까?

하하, 당연히 아니오.

전설 속에서 현포는 곤륜산에 있다는 신선의 동산이오.

이곳의 산수가 선경처럼 아름다워서 그 이름을 본떠 현포라 지었소.

그런 거였군요. 이름을 참 잘 지었습니다.

호수가 맑고 깨끗한데 한번 구경시켜 주시지요.

앞쪽에 배가 있으니 호수에서 뱃놀이나 즐깁시다.

연꽃이 물에 넘치니 아름답기가 월나라 미녀의 볼과 같고……

시상이 저절로 떠오르는구나!

이곳 풍경이 너무 멋져 음악이 있다면 더 아름다울 것 같습니다.

후궤,
혹시 좌사가 지은
「초은시招隱詩」의 한 구
절을 들어본
적 있소?

'하필이면
실과 대나무로
만든 악기를
찾는가'라고.

산과 물이
어우러진 맑은
소리가 있는데 굳이
인공적인 음악으로
꾸밀 필요는
없소이다.

뻐끔

지금의 시문
역시 문장이 화려
할 뿐 내용은 전혀
없소.

하지만 현재의
문풍이 그러하니
따라야 하지
않습니까?

도연명은 시대의
조류에 휩쓸리지
않고 청아하고
소박한 시문을
지었소.

시문은 마땅히 「모시서(毛詩序)」에서 말한 것처럼 바람 불듯 감동시키고 가르쳐서 감화해야 하는 것이오.

그런데 지금의 문인들은 실제 삶과 동떨어진 것만 쓰고 있소.

난 시문이 내용을 중시한 진한 때의 전통을 회복하길 바라고 있소.

전하의 독서량은 궁정 장서실 관리에 뒤지지 않습니다. 과연 식견이 대단하십니다.

장서라…… 그래, 내가 할 일을 찾았소!

네?

고맙소!

장서에서 고금의 명문장을 골라 책으로 엮어야겠어.

그러면 사람들이 보고 진정한 문장을 알아볼 수 있을 거야!

소명태자 소통은 수집한 좋은 문장을 『문선』 30편으로 엮었다. 후대 사람은 이를 『소명문선』이라고도 부른다.

이 책은 위진 이래 명문장을 모두 모은 것으로 중국 고대문학의 정수가 집약돼 있다.

배신에 배신을 거듭한 후경

534년, 북위는 고환高歡이 지배하는 동위東魏와 우문태宇文泰가 장악한 서위西魏로 분열되었다.
546년, 고환은 중병에 걸리자 자기가 죽은 후 후경이 반란을 일으킬까 염려해 그를 낙양으로 불러 병권을 빼앗아 후환을 제거하려고 했다.

아버님, 후경이 낙양으로 돌아 오지 않습니다.

아무래도 후경이 우릴 경계하나 보구나.

징아, 후경을 제압하려면 반드시 모용소종의 힘을 빌려야 한다.

후경의 스승 말입 니까?

그는 후경의 군사 작전을 훤히 꿰고 있단다.

당장 그를 발탁해야 마땅하지만 잠시 기다렸다가 내가 죽으면 네가 그를 중용해라. 그러면 분명 목숨을 걸고 네게 충성을 다할 것이다.

예~!

547년, 고환이 병으로 세상을 떠나고 고징高澄이 승상 직을 이어받았다.

후 장군, 고환이 죽고 그의 아들 고징이 승상 직을 계승했습니다.

고징이 분명 병권을 내놓으라고 압박할 텐데.

병권을 내놓으면 고징은 후환을 없애려 장군을 죽일 것입니다.

나도 알고 있다.

하지만 병권을 내놓지 않으면 조정에 대항하는 것이라······

병권을 내놓으면 죽음밖에 없지만 내놓지 않으면 살길이라도 있습니다.

대장부로 태어 났으니 한번 해 보는거야!

그럼 반란을 일으켜 고징과 끝까지 싸우 도록 하자!

반란 소식을 들은 고징은 즉각 군 대를 파견해 후경 토벌에 나섰다.

후 장군, 동위 군대가 우릴 포위했 습니다.

아이구 골이야~

시작부터 순조롭지 않으니 이를 어찌할꼬?

서위에 투항해 우문태에게 구원을 청하면 어떨까요?

그 방법이 있었구나!

우문태는 후경이 투항하고 구원병을 요청하자 대신들을 불러 대책을 논의했다.

후경이 수십 개 성을 바치며 우리에게 구원을 요청했다. 군대를 보내 그를 돕는 게 낫겠는가?

후경은 성격이 교활하여 진심으로 투항한 것인지 가늠하기 어렵습니다.

후경의 관직만
높여 주고 구원병을
보내지 않고서 상황
변화를 지켜보심이
어떨까요?

굿~

그거 정말
좋은 방법
이구나!

우문태는 형주에 주둔한 왕
사정에게 편지를 보내 후경
에게 구원병을 보내지 말고
사태를 주시하라고 명했다.

하하,
후경이 투항했다.
복이 제 발로 굴러
들어왔구나!

왜 저리
호들갑을
떠누.

하지만 승상께서
구원병을 보내지
말라고 명하셨
습니다.

이런 기회를 절대 놓쳐서는 안 된다. 즉시 후경에게 구원병을 보내라!

왕사정

공공연히 명을 어기다가 승상께 죄를 얻습니다.

걱정 마라. 내게 다 생각이 있다.

우문태는 왕사정이 명을 어기고 구원병을 보낸 데 격분했다.

이런 죽일 놈, 감히 명을 어기고 군대를 보내다니!

탁!

이미 엎질러진 물입니다.

170

그래, 후경이 진심으로 투항했는지도 모르니 결과를 두고 보자.

한편 후경은 서위의 구원병이 도착했는데도 기쁜 내색은커녕 오히려 한숨을 쉬며 고민에 빠졌다.

서위가 진짜 구원병을 보낼 줄은 몰랐어.

펄쩍 뛰고 좋아해야 하는 거 아닌가?

잘된 일인데 안색이 왜 그러십니까?

사실 서위가 구원병을 보내지 않을까 봐 양나라에도 항서를 보냈단 말이다.

애 뭐야?!

네?

서위가 우릴 구원한다는 소식이 조만간 양나라 황제 귀에 들어갈 텐데 어쩌죠?

아— 복잡해!

양나라 황제가 연로하여 머리가 왔다갔다 한다고 하니 말을 얼버무려 그를 속여 볼 생각 이다.

속인 다고요?

형세가 긴박해서 부득불 서위에게 구원을 청한 것이라 설명하고

동위와 서위는 한 집안이라 동위에 불복하는 것은 당연히 서위에게도 불복하는 것이라 말하 면 된다.

결국 양나라에 항복한다는 뜻이군요.

크크!

양나라 황제가 내 말에 감격해서 눈물을 흘릴 테니 두고 봐라.

172

양나라 황제에게서 회신이 왔습니다.

후경은 양 무제에게 이런 뜻을 담은 내용과 그의 비위를 맞추는 언사를 섞어 편지를 보냈다.

임기응변은 당연한 것이니 사소한 일에 미안해하지 말라는구나.

양나라 황제는 정말 바보입니다.

맞다.

하하하

헤헤—

장군, 서위 군대가 동위 군대를 쫓아 냈습니다.

잘됐구나!

기회를 봐서 서위 군대를 아군에 편입 시켜야 하는데 ......

그렇게까지 하는 건 너무 심합니다.

뭐 나쁠 건 없잖나!

후경은 서위군의 장수인 조귀와 이필을 잡아 두고 그들의 군대를 차지할 계략을 꾸몄다.

조귀, 후경이 자기 군영으로 우릴 초대하는데 가도 좋을지 모르겠어.

이필, 후경이 우릴 억류하고 우리 군대를 집어삼킬까 걱정이네.

그럼 '이에는 이' 라고 후경을 우리 군영으로 불러 제거하면 어떻겠나?

그건 안 되네.

지금 후경이 동위를 차지하려는 야심을 모르는 사람이 없지 않은가?

그런데 후경을 죽이면 동위의 앓던 이를 빼 주는 격이니 득보다 실이 많네.

그냥 살려 두고 그가 동위를 계속 괴롭혀야 우리의 군사적 압력도 완화 되네.

그거 좋은 생각이군!

양나라 군대가 아군 부근에 영채를 차렸습니다.

뭐?

후경이 양나라에도 구원병을 청했었구먼.

빨리 철수하세. 양나라 군내와 정녕 충돌했다간 후경만 어부지리를 얻게 되네.

그러세.

175

조귀와 이필은 군대를 물린 후 후경이 양나라와도 결탁했다며 우문태에게 그를 믿지 말라고 보고했다.

왕열, 전방 장수들은 후경이 거짓 투항했다고 말하는데 그대의 생각은 어떠시오?

이미 고환을 배신한 후경이 승상이라고 속이지 않겠습니까?

그렇지.

신중해야 해.

당장 후경에게 폐하를 배알하라고 해야겠다. 그가 명에 따르면 진짜 투항한 것이고, 계속 거절한다면 가짜 투항이다.

후경이 입조를 거부하자 동위는 계속해서 후경을 공격하고 서위는 다시 구원병을 보내지 않았다. 궁지에 몰린 후경은 하는 수 없이 양 무제에게 구원을 요청했다.

다 틀렸어, 우씨─

176

후경의 반란으로
양나라가 망하다

양나라가 소연명蕭淵明을 대장으로 삼아 구원병 10만을 보냈습니다.

호오~ 그래?!

원군이 왔으니 안팎으로 호응해서 동위 군대를 몰아 내도록 하자.

들자니 이번 동위 군대의 대장이 모용소종 이라고 합니다.

최악의 시나리오야!

뭐, 뭣이라?

모용소종이라니, 우린 끝장이다!

양나라

주이, 얼굴에 왜 그리 수심이 가득하느냐?

아군이 동위에 대패하고 소연명이 포로로 잡혔습니다.

뭐?

어떻게 그런 일이?

동위가 승세를 틈타 남하하여 우릴 공격하지 않을까?

불안
걱정

그럴 리는 없습니다.

더 이상 후경의 일에 관여하지 말아야겠다.

모용소종은 양나라 군대를 물리친 후 내친 김에 후경을 공격했다.

모용소종의 기세가 실로 대단하구나!

장병들은 빨리 후경을 사로잡아라!

악!

후경, 오늘이 네 제삿날이다!

내가 버림을 받으니 그대 팔자가 피는구려.

후경의 말이 맞아. 그가 반란을 일으키지 않았으면 동위 조정에서 날 중용했을 리 없어.

전군 철수하라!

예!

싸움에서 크게 패한 후경은 패잔병을 이끌고 양나라로 도망쳤다.

다다다

후경이 우리 경내로 도망쳐 왔는데 어찌 죄는 묻지 않으시고 예주자사에 임명하셨습니까?

소개, 짐은 후경이 잘못했다고 생각지 않는다.

후경 때문에 아군이 몰살됐는데 잘못이 없다니요!

앞서는 동위를, 나중에는 서위를 배반한 놈을 왜 중용하는 것입니까?

그를 남겨 놓으면 큰 화근이 됩니다. 당장 죽이십시오!

아미타불, 짐은 함부로 살생을 범할 수 없다.

폐하, 다시 한번 생각해 보십시오.

짐이 숙고 끝에 내린 결정이다. 그만 물러가라!

동위의 승상 고징은 포로로 잡힌 소연명을 불러 양국의 관계 개선에 대해 논의했다.

소연명, 우리와 양나라는 10여 년을 잘 지내 왔는데 후경 때문에 의가 상해서야 되겠소?

사실 그대를 고국으로 돌려보내 전처럼 우호를 맺고 싶은데, 다만 ……

무슨 곤란한 점이라도 있습니까?

양 무제가 강화를 원치 않아 헛심을 쓸까 염려되오.

양나라 황제는 제 친삼촌이라 제 편지 한 통이면 승낙할 것입니다.

그게 가장 좋겠소!

내 뜻대로 되겠군.

우리가 양나라와 강화를 맺으면 후경은 좌불안석이 돼 반란은 기정사실이 된다.

이렇게 해서 후경을 제거하지 못하더라도 양나라의 국력은 약화시킬 수 있어.

양나라

동위가 아군을 여지없이 박살내고서 강화를 청하는 데는 분명 속임수가 있습니다.

부기, 지나친 걱정 아닌가? 동위가 소연명을 돌려보낼 만큼 성의를 보이고 있지 않나?

동위는 우리와 후경 사이를 이간질하려는 것입니다. 그의 반간계에 넘어가시면 안 됩니다!

짐은 이미 결정했으니 더 이상 왈가왈부 하지 마라.

끙 으

그런데 양 무제가 동위에 보낸 사신이 도중에 후경의 군사에게 사로잡히고 말았다.

우리 군사가 가로챈 양나라의 국서입니다.

뭐? 양나라가 동위와 강화를 맺는다고?

오잉?

뭐야, 이거? 머리가 또 복잡해지네.

양 무제가 날 죽여서 고징의 기분을 맞추려는 건가?

양 무제가 장군을 어떻게 생각하는지 알 수 있는 방법이 있습니다.

빨리 말해라!

동위의 국서를 위조하여 소연명과 장군의 맞교환을 제안해 보는 겁니다.

양 무제는 거짓 국서를 받고 그 제안에 동의하는 답신을 보냈다.

양 무제가 그 제안을 받아들이겠다는구나!

아, 양나라에서도 더 이상 발을 붙이기 어렵겠어.

앉아서 죽음을 기다리느니 우리가 먼저 손을 써야 합니다!

그 말뜻은 ……

반란을 일으키는 겁니다!

우리가 양나라 사정에 어두워 반란이 성공하기는 어렵다.

간단합니다. 내응이 될 만한 자를 찾으면 됩니다.

임하왕 소정덕은 살인을 저질러 왕자리에서 쫓겨났습니다. 그에게 일이 성사되면 황제로 추대한다 하고……

OK!

좋은 생각이다!

548년, 후경이 수양에서 반란을 일으키고 양나라 수도 건강으로 진격했다.

유 학사, 큰일이오. 후경이 쳐들어왔소!

끝장이다. 빨리 도망 칩시다!

흑빛—

궁문을 지키는 건 그대 책임인데 싸우지도 않고 도망갑니까?

지금 도망가지 않으면 늦는다고!

후다닥

아, 아무짝에도 쓸모없는 유생 놈!

황제 자리에 눈이 먼 소정덕은 성문을 활짝 열고 후경을 맞이했다.

宣陽門

소인 소정덕, 후경 장군을 뵙습니다!

187

이미 성문을 열었으니 군사를 이끌고 곧장 쳐들어 가면 됩니다.

정말 고맙소!

일이 성공하면 애초의 약속을 잊지 마십시오.

후경의 반란으로 양 무제 소연은 궁궐에 연금됐다가 결국 굶어 죽었다.

551년, 후경이 황제를 칭하고 국호를 한漢으로 정했다. 이듬해 양나라 대장 진패선, 왕승변王僧辯이 건강을 공격하자 후경은 배를 타고 달아났다가 부하에게 살해되었다.

염려 마시오. 내 꼭 그대를 황제로 세우겠소.

진패선이 공을
믿고 제위를
찬탈하다

552년, 진패선과 왕승변이 옹립한 양 원제*가 북제北齊의 침입으로 목숨을 잃자 원제의 아들인 소방지蕭方智가 뒤를 이어 황위에 올랐다.

555년, 왕승변은 북제의 협박으로 소방지를 황위에서 쫓아내고 북제에 투항한 양 무제의 조카 소연명을 황제로 옹립했다.

탁!

앗, 깜짝이야!

왕승변이 멋대로 황제를 폐하다니!

*양 원제元帝
양 무제의 일곱째 아들 소역蕭繹. 양나라의 제4대 황제.

노여움을 가라앉히십시오. 북제의 압박에 왕 장군도 어쩔 수 없었던 일입니다.

설사 패전 하더라도 북제에 굴복할 수는 없다.

내 석두성을 공격해 왕승변 놈을 죽이고 폐하를 곧 복위시키 겠다!

지금 우리의 전력 으로는 왕 장군의 군대를 이기기 어려우니 기습 공격을 감행해야만 합니다.

또 정벌에 나선다고 군대를 동원하면 왕 장군이 경각심을 가지게 됩니다.

왕 장군이 먼저 소문을 듣고 응전 태세를 갖추 면 절대 이기지 못합니다.

음…

하지만 어떻게 귀신도 모르게 군대를 동원하지?

장군, 왕승변의 사자 강간이 뵙기를 청합니다.

어서 들라 해라!

우리가 북제의 대군이 조만간 쳐들어온다는 첩보를 입수했습니다.

그래, 북제의 군대를 막는다는 구실로 군대를 동원해 왕승변을 공격하자!

여봐라, 강간을 당장 옥에 가두어라!

이게 무슨 짓이오?

옥신

각신

왕승변을 공격한다는 비밀이 새나가지 않아야 하니 며칠만 옥에 있어라.

Sorry~

진패선은 소리 소문 없이 군대를 이끌고 왕승변의 진영을 향해 출격했다.

왕승변의 본거지인 석두성에 곧 도착합니다.

무관의 팔자란 참…

후안도, 갑자기 후회가 밀려오는구나. 함께 전장을 누볐던 전우를 공격하는 것은 참으로 못 할 짓이다!

지금 와서 무슨 뚱딴지 같은 말씀입니까?

내가 잠시 마음이 약해졌군. 빨리 총공격에 나서자!

석두성

구름사다리를 타고 성벽을 올라라!

살금

살금

조용

조용

193

왕 장군,
큰일 났습니다.
진패선의 군대가
성 안으로 난입
했습니다!

뭐라고?

빨리
내 갑옷을
가져와라!

내 이놈을
꼭 죽이고
말겠다!

으악!

진패선의
군대가 입구를
막아 뚫고 나갈
수가 없다!

아버지, 전세가 기울었으니 투항하시지요!

이대로 끝이란 말인가?

왕승변 부자가 목숨을 구걸했지만 진패선은 그들을 목매달아 죽인 후 소연명을 황위에서 폐하고 소방지를 다시 황제로 옹립했다.

장군, 큰일 났습니다. 북제 군대가 쳐들어옵니다!

즉각 주변의 군대를 소집해 적을 막아라!

예!

이번에는 기필코 곡소리가 나게 만들어 줄 테다!

진패선은 스스로 대군을 이끌고 북제 군대와 맞서 싸웠다.

돌격하라!

와―

얍!

장군, 북제 군대가 달아납니다!

별것도 아닌 것들이 까불다니.

승세를 타고 추격하여 북제를 완전히 궤멸시켜라!

556년, 북제가 10만 대군을 거느리고 재차 양나라를 침공했다. 진 패선이 다시 이들을 대파하면서 그의 명망도 한층 더 높아졌다.

북제가 우리와 2년 여 전투를 벌였지만 매번 참패당하고 돌아갔습니다.

모두 진 장군이 지휘를 잘한 덕입니다.

하하!

의기 양양

북제 황제가 호뇌게 낭해서 다시는 우리 일에 관여하지 않을 것입니다.

그대가 북제를 물리친 공을 표창해 진왕에 봉하겠소.

진왕은 체면에 서지 않는 이름입니다.

진제가 더 어울리지 않습니까?

네엣?

진왕은 무슨!

내 공은 천하에 으뜸이라 황제 자리만이 거기에 딱 어울린다!

유사지, 심각, 너희들은 폐하를 행궁으로 호송해라.

네?

이상해, 폐하께서 왜 황궁을 놔두고 행궁 으로 가시지?

폐하가 제위를 내게 선양하고 자발적으로 행궁에서 기거하길 원했다!

자발적이 아니라 진 장군이 양위를 강요한 게 분명해. 만일 진 장군이 호송 도중에 폐하를 시해하기라도 한다면 큰일이다.

안 돼. 이런 부도덕한 일은 절대 할 수 없어!

심각, 왜 그러나?

털썩—

신은 폐하를 행궁으로 호송할 수 없으니 죽이든 살리든 마음대로 하십시오!

헉, 이보게!

199

됐다. 그 일은 왕승지에게 대신 맡기겠다.

왜 저를 죽이지 않습니까?

충신을 난처하게 만들 수는 없다!

난 이제 황제니까.

진 장군이 정권을 빼앗으면서도 전대에 충성하는 신하를 죽이지 않다니. 정말 도량이 넓구나!

557년, 진패선은 황제를 칭하고 진陳나라를 건립했다. 그가 바로 진의 개국 황제인 무제武帝이다.

진 무제는 포용력이 매우 넓어 여러 방면의 의견을 귀담아들었다. 이에 백성을 사랑한 명군으로 이름을 날렸다.

구국의 여걸, 승부인

승부인은 남북조시대의 유명한 여걸로 일찍이 진나라의 개국 황제 진패선을 도와 후경의 난을 평정했다.

여자라 어떻게 말을 시작해야 할지 참…

무슨 말씀을 하시려고 이리 뜸을 들이시나.

어험, 승부인, 그대의 공로를 짐은 절대 잊지 않을 것이오.

과찬이십니다. 반란 평정은 신의 마땅한 본분입니다.

하하, 너무 겸손하구려.

활짝

고주자사 이천사가 후경의 난을 틈타 반란을 일으키고 두평로를 보내 아군을 공격하여 상황이 매우 위태로웠는데

다행히 그대와 풍보가 이천사를 멸하고 짐과 회합해 일거에 반란을 평정할 수 있었소.

안타까운 것은 풍보가 한창나이에 세상을 떠서 이 논공행상 자리에 없다는 것이오.

저도 많이, 아주 많~이 아쉽답니다.

부군이 비록 먼저 갔지만 다행히 아홉 살 난 아들 풍복이 있습니다.

잘됐구려. 짐이 풍복을 양춘태수에 봉하리다!

폐하, 풍복의 나이 이제 겨우 아홉 살입니다.

풍복의 나이가
어리니 현명한
어머니가 보좌
하면 되잖소?

아들을
대신해 제가
태수를 맡으란
말씀입니까?

그렇소!

성은이
망극하옵니다!

정말
잘됐어!

고안

204

진패선만 죽이면 우리도 황제가 될 수 있소!

큰일 날 소리! 반역은 목이 달아날 죄요.

허… 이 사람이!

진패선도 양나라의 신하였다가 황제를 폐하고 스스로 제위에 올랐소. 그도 하는데 우리라고 못 하란 법 있소?

이 일은 돌아가 어머니와 의논해 봐야 해서……

당연히 승부인과 의논해야죠. 만약 승부인의 승낙을 얻어 낸다면 일의 절반은 성공한 것이나 다름없소.

내가 이곳에 며칠 머물 테니 승부인께 편지를 써서 보내시오.

어머님께서 꾸중하실 텐데.

알았소.

205

풍복 이 애송이가 내 손에 인질로 잡혀 있으니 승부인도 동의할 수밖에 없다.

도련님이 고안에 간 지 한참 됐는데 무슨 일이 생긴 건가요?

탁!

구양흘 놈이 내 아들을 꼬드 겨서 함께 반란을 일으켰다!

네? 반란이요?

도련님은 절대 목이 달아날 일을 꾸몄을 리 없습니다!

구양흘이 어르고 달랬겠지.

반란에 동의하지 않으면 구양흘이 자기를 풀어 주지 않을 거라는구나.

그럼 인질이 됐다는 건가요?

맙소사, 빨리 도련님을 구하러 가요!

신중

우리 집안은 조정에 충성을 다해 폐하께서 특히 신임하시는데 아들이 불쌍하다고 나라의 기대를 저버릴 수는 없다!

아들아, 살아만 있어다오.

즉시 각 부족을 소집해 구양흘을 섬멸하러 출동한다!

대인, 승부인이 백월의 각 부락을 이끌고 쳐들어옵니다!

뭐?

승부인이 자기 아들의 생사도 가벼이 여길 줄이야.

내가 헛다리 짚었구나.

백월의 수령이 모두 왔느냐?

예, 승부인의 외침에 다들 호응하자 아군은 모두 도망쳤습니다.

아… 다 끝났다. 빨리 달아 나자.

승부인은 백월의 각 추장들을 동원해 손쉽게 구양흘의 반란을 평정했다.

승부인은 진정한 여걸이오. 반란을 그리 빨리 평정하다니요?

어리다고는 하나 풍복이 간신에게 휘둘렸으니 죄를 내려 주십시오.

힝-

풍복은 구양흘에게 이용당한 것뿐이고, 어쨌든 반란 평정에 공이 있으니 상을 내리겠소!

풍복, 네 모친의 공으로 특별히 널 신도후에 봉하고 석룡태수에 임명한다.

감사합니다, 폐하!

또한 승부인은 석룡태부인에 봉하니 자사와 같은 대우를 누리도록 하라!

훗날 진나라는 수隋 문제文帝 양견楊堅에게 멸망당하면서 남북조 대치 상황이 막을 내렸다. 단, 영남 지역만 끝까지 귀순하지 않았는데……

지금 영남에 수령이 없으니 승부인께서 전면에 나서 대세를 주관해 주십시오.

부인의 명망이면 다들 순순히 따를 것입니다.

암~ 그렇고 말고.

다들 나를 추대하니 내키지 않지만 이 짐을 지겠소. 다만 모든 것은 진나라 규정에 따르시오.

승부인이 남쪽 변방에서 위세를 떨치자 사람들은 그녀를 '성모'로 추앙했다. 수 문제가 이 소식을 듣고 위세를 영남에 파견해 귀순을 권유했다.

부인, 진나라는 이미 망했는데 아직도 진의 의장을 사용하십니까?

진나라가 망했다는 증거를 보여 주시오!

발끈

확실한 소식을 듣기 전까지는 절대 귀순하지 않을 것이오.

Never!

승부인은 만만치 않은 상대로군. 미리 준비해 오길 잘했어.

여기 진 후주의 친서와 부인이 바친 지팡이가 있소.

이건 내가 폐하께 바친 지팡이가 맞아 ……

아…

이제 제 말이 거짓이 아니라고 믿으시겠죠?

211

아… 이 두 어깨가 참으로 무겁구나.

나는 영남의 수령으로 모든 일을 신중하게 처리하고 조정의 기대를 저버려서는 안 된다.

영남도 수나라에 귀순하겠소.

대의를 위한 현명하신 결정입니다.

승부인은 무리를 이끌고 수나라에 귀순한 후, 여러 차례 영남의 반란을 평정하고 각 부족을 다독여 영남 지역의 안정과 번영을 수호했다.

가면을 쓰고
전쟁터에 나간
난릉왕

난릉왕 고장공은 북조 시기
에 문무를 겸비한 명장이다.
그의 부친은 훗날 북제의 문
양제로 추존된 고징이다.

샤방~

564년, 돌궐과 북주北周의 연합
군이 북제를 공격해 북제의 요
지인 낙양이 북주의 10만 대군
에게 겹겹이 포위됐다. 이에 북
제의 4대 황제인 무성제武成帝가
난릉왕에게 구원을 요청했다.

우문호宇文護,
오늘이 네
제삿날이다!

난릉왕, 길고
짧은 것은 대봐야
아는 법!

난릉왕의 용모가 여자와 흡사해서 놀림을 당할까 봐 항상 얼굴을 가린대.

킥킥……

쓸데없는 소리 말고 전투 태세를 갖춰라!

옙!

돌격하라!

이얍!

으악-

난릉왕은 북주 군대를 돌파하고 포위된 낙양성 아래에 다다랐다.

214

여기 구원병이 왔으니 빨리 성문을 열어라!

저자가 난릉왕이야?

가면을 써서 얼굴을 볼 수 없으니, 원.

만일 북주 장수가 난릉왕 행세를 하는 거라면 어쩌지?

열까, 말까?

뭘 꾸물대느냐! 빨리 성문을 열어라!

그대가 진짜 난릉왕이라면 가면을 벗고 얼굴을 보여주시오!

뭐라고?!

이제 성문을
열겠소?

스윽

진짜
난릉왕이다!

성문을
열어라!

난릉왕에게 일격을 당한
북주의 황제 우문호는 낙
양에 총공격을 가했다.

북주
군대가 몰려
옵니다.

화살
발사!

쉭

쉭

푹

나에게 대적
하기에는 아직
어림없다.

난릉왕의 합세에 사기가
크게 오른 북제군이 완강
히 저항하자 우문호는 포
위를 풀고 물러났다.

이번에 큰
공을 세웠으니
짐이 상을
내리겠소.

사뿐

사뿐

헉

이 미녀들을
상으로
내리리다!

이 미녀들을 전부 다요?

자네보다 예쁜 여인이 없어서?

왜? 기쁘지 않단 말이오?

이렇게 많은 미녀는 부담스러우니 한 명만 고르겠습니다.

미녀도 마다하고 음주가무도 싫어하면 대체 무슨 낙으로 사시오?

수상

의심

폐하는 의심이 많아서 내가 황위를 탐낸다고 오해하면 어쩌지?

세상에, 이 금은보화는 다 어디서 난 거예요?

218

부하들이 보냈소.

뇌물을 받으면 벌을 받을 텐데요.

내 명성을 더럽 히는 일임을 알지만 폐하의 의심을 덜려면 어쩔 수가 없구려.

폐하가 당신을 제거하려고 마음먹 으면 이것만큼 좋은 구실이 없어요.

그런가?

상원, 어떻게 해야 폐하의 의심을 불식시킬 수 있겠소?

고향으로 돌아가 십시오.

서른도 안 됐는데 낙향 한다면 폐하께서 허락하실까?

아니면 아예 병을 핑계로 조정에 나가지 마십시오.

그렇게까지 해야 하나.

휴······

565년, 무성제가 태자 고위高緯에게 제위를 물려주었다. 그가 바로 북제의 5대 황제인 후주後主이다.

후주는 날마다 후비, 궁녀들과 놀면서 음주가무에 빠져 조정에는 한 달에 한두 번 나올까 말까 해.

대신들이 정사에 힘쓰라고 권하면 가볍게는 파면이요 심하면 목이 달아나고.

북주의 침략을 막아낸 명장 곡율광까지 주살했으니······

대왕, 폐하께서 궁으로 부르십니다.

뭐?

꼬투리를
잡히지 않으려고
항상 조심했는데
……

휴—

북제의 황궁

난릉왕,
〈난릉왕입진곡〉
이란 노래를
들어 보시오.

그대가
전장에서 용맹하게
적을 물리치는 장면을
곡으로 만들었소.
정말 부럽소이다!

과찬이
십니다!

221

적진을 출입하기란 너무 위험해서 만일 패하면 목숨이 달아나잖소?

우리 집을 위해서라면 목숨을 잃어도 아깝지 않습니다.

우리 집?

황제만이 나라를 우리 집이라고 일컫는데 난릉왕의 이 말은 무슨 의미일까?

큰일이다, 말실수를 했어. 분명 내가 제위를 찬탈하려 한다고 여길 텐데.

573년 5월, 후주는 마침내 난릉왕에게 사자를 보내 안부를 물으면서 독주를 선물로 내렸다.

폐하께서 독주를 내리셨으니 난릉왕은 스스로 목숨을 끊으시오.

드디어 올 것이 왔구나!

모두 불살라 버리시오.

흑—

나 고장공은 결코 재물을 탐하는 사람이 아님을 밝히노라!

활 활~

난릉왕은 한창 젊은 나이에 이렇게 비참하게 생을 마감했다. 4년 후인 577년, 북주는 손쉽게 북제를 멸하고 북방을 통일했다.

역도원, 『수경주』를 저술하다

역도원은 북위의 유명한 지리학자이자 문학가이다. 관료 집안 출신인 그는 젊은 시절에 산수 유람을 좋아하여 관리가 된 후에도 지방을 갈 때마다 현지의 명승고적을 꼭 유람했다.

우 대인, 군사를 이끌고 관중으로 들어가면 기주의 정무는 어떡합니까?

일찌감치 생각해 둔 게 있네.

도원, 젊고 유능한 데다 품행이 바른 자네에게 기주의 정무를 맡길 생각이네.

저한테요?

그래. 기주 동부장사인 자네가 나 대신 기주를 잘 다스려 주게!

부탁하네~

225

대인의 기대를 결코 저버리지 않겠습니다!

재수도 참 없어. 기주에 온 지 3년이나 됐는데 물건을 훔치기는커녕 하마터면 옥에 갇힐 뻔했다고.

다행히 밤이 으슥해서 관졸들을 따돌렸기에 망정이지.

이러다가 굶어 죽는 거 아닌지 몰라.

그래도 다시 한번 해 봐야지.

겨우 도망쳤는데 죽을 짓을 사서 하려고?

다 그 역도원 때문이야. 치안이 너무 삼엄해!

끙……

기주 관아

하하,
내가 역시 사람을
잘못 보지 않았어.
기주를 정말 잘
다스렸어!

과찬이십니다.
전 맡은 소임을
다했을 따름
입니다.

들자니
기주의 도적이 모두
사라지고 관리들도 자넬
무척 두려워한
다는구먼!

굿 잡!

관리를 엄격히
다스려야 명령에
복종하고 허튼짓
을 안 합니다.

역 대인, 짐을
다 꾸렸습니다.

짐이
라고?

지리 탐사를
떠날 예정이
라서요.

지리를
탐사해서
뭐 하려고?

최근에 한나라 사람이 쓴 『수경水經』을 발견했는데 하천 기록은 많지만 너무 간단해서요.

시간이 흐르면서 지리도 많이 변해 시간 나는 대로 이 책에 주해를 달까 합니다.

아, 그런 거였군.

하지만 고생을 각오해야 하는 일일 텐데.

어려서부터 산수 유람을 좋아해서 전혀 힘들지 않습니다.

지리를 탐사하면서 『수경』을 보충하고 아름다운 산수도 맘껏 볼 수 있으니 일석이조 아니겠습니까!

중국 대지의 산천이 정말 웅장하고 아름답구나!

이야~

이 하천은 『수경』에 뭐라고 기록돼 있습니까?

이름이 뭐예요?

이 하천은 『수경』에 기록이 없어. 나도 오늘 처음 봤다.

이렇게 긴 하천이 기록에 없다고요?

설마~

『수경』에는 하천이 137개밖에 없어서 많은 것이 기록에 빠져 있다.

대인과 제가 본 것만 해도 그것보다 많을 텐데요.

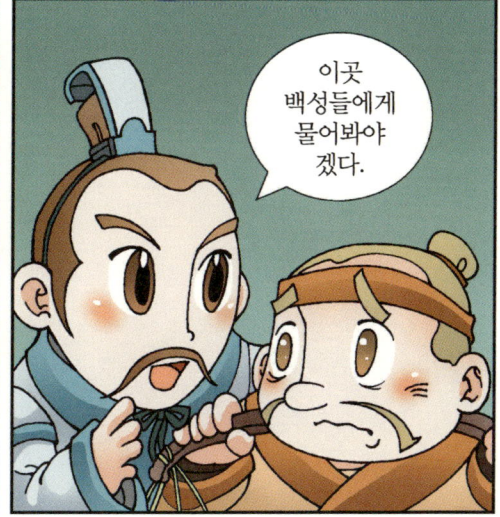

이곳 백성들에게 물어봐야겠다.

이곳에 고적이 그렇게 많이 있었군요.

껄껄

대인, 비문이나 전설 따위를 모두 책 속에 담아 주십시오.

염려 마십시오. 석각의 비문을 이미 베껴 놓았습니다.

아함, 피곤하다!

밤이 깊었으니 얼른 주무십시오.

선인의 서적들을 아직 다 읽지 못했다. 먼저 자렴.

네?

산과 강들을 직접 조사했는데 다른 사람이 쓴 건 뭐하려고요?

아리송~

선인이 쓴 책을 많이 참고해야 내 기록이 좀 더 정확해진다.

대인께서 『수경주水經注』를 위해 바치는 노력이 실로 대단합니다.

그런 노력이라면 조금도 아깝지 않다!

역도원은 훗날 노양태수, 동형주자사를 역임했고 양나라와 전투를 치르기도 했다. 그는 가는 곳마다 직접 탐문 조사를 벌여 『수경주』에 새로운 장들을 추가했다. 마지막에는 어사중위에 발탁돼 도성으로 돌아왔다.

역도원, 나는 여남왕의 사람이다. 나를 체포하면 대왕께서 널 가만두지 않을 것이다!

구념, 넌 대왕의 총애를 믿고 멋대로 관리를 선발하는 큰 죄악을 저질렀다!

대왕이 와도 본관은 두렵지 않다!

구념을 옥에 가두어라!

역도원, 어디 두고 보자!

여남왕이 태후께 구념의 석방을 청해 태후의 사면령이 곧 관아에 당도합니다.

구념의 죄는 절대 용서할 수 없다. 사면령이 도착하기 전에 그를 처형하라!

그러다가 여남왕의 미움을 사게 되면…

우물쭈물

구념을 살려 두면 후환을 남기게 된다. 늦으면 안 되니 빨리 형장으로 끌고 가라!

예!

역도원은 엄격하게 법을 집행하고 아첨을 싫어해 조정의 많은 권신들에게 미움을 샀다. 옹주자사 소보인이 모반을 획책하자 권신들은 남의 손을 빌려 역도원을 죽이려고 그를 옹주의 관우대사로 추천했다.

소보인이 모반을 일으키려 하자 여남왕 등이 대인을 관우대사에 추천한 것은 결국 대인을 해치려는 수작 아닙니까?

조정에서 우리에게 상황을 정탐하라고 했으니 조심하면 그만이다.

이건 장난이 아닙니다. 게다가 대인의 형제와 공자도 동행하지 않았습니까?

차라리 돌아가는 게 낫겠습니다.

느긋~

이곳은 소보인의 근거지라 도망가기에도 늦었다.

내 운명에 따르는 수밖에.

대인, 큰일 났습니다!

소보인이 곽자질을 보내 이곳을 포위 했습니다!

뭐라고?

빨리 사람 들을 소집해 그들을 막아라.

예, 대인!

와~

역도원, 소 장군에게 항복하면 목숨을 살려 주겠다. 그렇지 않으면 모두 갇혀서 죽고 말 것이다!

헉헉, 아무리 파도 우물은 나오지 않고. 이젠 정말 지쳤습니다.

헥헥, 물~

하하, 힘이 다 빠졌지? 이제 어떻게 버티나 보자.

앗, 역적이 담을 넘어온다.

대역부도한 역적들아, 반드시 업보를 치르고 말 것이다!

흥, 그 말은 염라대왕에게나 가서 해라!

역도원이 결국 역적에게 살해되면서 일세를 풍미한 영웅이 사라졌다.

그가 쓴 『수경주』는 총 30여만 자에 1,252개의 하천이 기록돼 있는 방대한 지리서이다.

다음 권에 계속됩니다…